MAGISTERIO
EDITORIAL

Malagón Plata, Luis Alberto
    Currículo y pertinencia en la Educación Superior / Luis Alberto Malagón Plata.-- Bogotá : Cooperativa Editorial Magisterio, 2007.
    176 p. ; 24 cm. -- (Colección Alma Mater)
    Incluye bibliografías.
    1. Educación superior - Currículo 2. Educación superior - Planes de estudio 3. Planificación universitaria - Colombia 4. Evaluación curricular - Colombia I. Tít. II. Serie.
378.1 cd 20 ed.
A1098445

        CEP-Banco de la República-Biblioteca Luis-Ángel Arango

**LUIS ALBERTO
MALAGÓN PLATA**

CURRÍCULO Y PERTINENCIA EN LA EDUCACIÓN SUPERIOR

Colección ALMA MATER

Currículo y pertinencia en la Educación Superior

Autor
©   *Luis Alberto Malagón Plata*
        Decano Facultad de Educación Universidad del Tolima

Libro ISBN: 978-958-20-0890-1

Primera edición: Año 2007.
Reimpresión: Año 2018.

©   COOPERATIVA EDITORIAL MAGISTERIO
        Diag. 36 Bis *(Parkway La Soledad)* N° 20-70
        Celular: (+57) 312 4354489
        Bogotá, D.C., Colombia
        www.magisterio.com.co
        info@magisterio.com.co

Dirección General
Alfredo Ayarza Bastidas

CONTENIDO

PRESENTACIÓN

Existe una presión enorme sobre la universidad actual y en especial sobre la universidad pública. El proceso de recorte presupuestal no sólo es una política en los países desarrollados, sino también y quizás de manera mucho más radical en los países en vía de desarrollo. ¿Qué se busca con esa política? Indudablemente hacer avanzar las instituciones de su condición autónoma a una condición de mayor dependencia económica y política con todas las consecuencias que tiene la adquisición de compromisos económicos. Instituciones de servicios, ha hablado permanentemente Didriksson Takayanagui (2000b) y universidades heterónomas, ha dicho Shugurenski (2000). Es comprensible entonces que la Vinculación Universidad Sector Productivo (VUSP) sea la forma de interacción más dinámica sobre la base de que genera recursos más fluidos. *La academia va al mercado* ha dicho Vessuri (1985), refiriéndose al hecho contundente de la universidad jugando su papel de empresaria en el contexto de la economía de mercado.

Pero el hecho de que la universidad se comporte como una empresa en el contexto de una sociedad capitalista y que su producción sea puesta en el mercado, no supone de hecho que sus relaciones con el entorno deban estar marcadas exclusivamente por el modelo universidad-empresa. Puede darse y de hecho se da, la interacción entre la universidad y las empresas de corte social. Aunque las pequeñas empresas y sobre todo los proyectos productivos de corte social no acumulan cantidades grandes de capital, son demandantes de valor agregado que las universidades pueden proporcionar y en el contexto de un estado social de derecho las universidades podrían ser instituciones capaces de proyectar su investigación, su ciencia, su tecnología para fortalecer los proyectos productivos sociales.

Probablemente en los nuevos escenarios en los cuales el componente social comienza a tener un significado muy grande, las universidades podrían entrar a jugar un papel de verdaderos potenciadores del desarrollo de un modelo de sociedad alternativo. La vinculación universidad-contexto no estaría delimitada por el aspecto puramente económico. La sociedad del conocimiento ha acercado a la universidad y al contexto y ha generado posibilidades mayores de una interacción más integral y esa sí es más productiva desde el punto de vista social.

El análisis sobre el currículo y su capacidad de pertinencia permitió establecer una relación de identidad entre el currículo como concepto pedagógico y los intereses constitutivos del conocimiento que había formulado Habermas (1990). Los intereses técnicos, prácticos y emancipatorios y su relación con el currículo habían sido analizados por Grundy (1998) llegando a la conclusión sobre la existencia de articulaciones entre los discursos de las diferentes corrientes o perspectivas curriculares y los discursos habermasianos sobre los intereses constitutivos del conocimiento. El interés técnico vinculado con los discursos del currículo tecnológico de base conductista; el interés práctico con los discursos sobre la acción curricular de Stenhouse y el currículo práctico de Schwab; y, finalmente el interés emancipatorio vinculado con el concepto de praxis curricular de Freire y de toda la pedagogía crítica de Kemmis (1993), Carr (1990), Giroux (1990) y Bernstein (1994), entre otros.

Igualmente, también ha sido posible encontrar vínculos entre la pertinencia del currículo y los discursos de los intereses constitutivos del conocimiento y los discursos curriculares. Una visión técnica del currículo se acomoda de mejor manera con una visión economicista de la pertinencia, en la medida en que el carácter funcionalista de esa propuesta curricular apunta a adecuar los procesos de formación a las necesidades que impone el entorno, entendido como sector productivo. ¿Qué otro modelo de pertinencia diferente a la vinculación universidad-sector productivo, podría tener mejor marco curricular que una propuesta funcionalista?

La construcción de las relaciones entre los discursos habermasianos y las perspectivas curriculares, es fundamental por cuanto se visualiza un concepto de pertinencia curricular entendida como un proceso complejo, dinámico, crítico, reflexivo y transformador que era el resultado de la confluencia de discursos constructivos y deliberantes como los propuestos por la pedagogía crítica y el interés enmancipatorio.

Son absolutamente claras las diferencias entre una visión desde adentro de la universidad y una visión desde afuera, así sea por personas que han transitado por la universidad como egresados o como miembros temporales de la academia y ese hecho permite afirmar que la articulación de la universidad y en especial los programas curriculares con el entorno, no han avanzado tan significativamente como piensan los actores académicos. Pero, es conveniente reconocer que desde el inicio de los procesos de acreditación de los programas y de las instituciones, es posible observar el avance de propuestas encaminadas a modular de mejor forma los procesos internos y los procesos orientados a estrechar las relaciones con el contexto. Y esto es así, por cuanto el sistema de acreditación involucra variables relacionadas no solamente con la pertinencia interna, es decir con la coherencia entre el PEI y el desarrollo de los programas académicos sino también y más importante entre los programas concretados a partir de los currículos y el contexto social.

Se ha favorecido una reflexión importante sobre el quehacer académico. Se ha posibilitado la emergencia de diversos puntos de vista sobre la mejor forma de modificar los currículos y sobre la mejor forma de vincular la academia en el entorno. Pero igualmente se evidencian limitaciones respecto a la participación del sector externo en los procesos permanentes del desarrollo curricular. Hasta ahora, el sector externo ha sido llamado a participar en eventos especiales: autoevaluación, consulta a egresados, a empleadores, pero en el marco de la acreditación como un proceso puntual. La exigencia de hacer interactuar las diversas visiones sobre la academia, las de adentro y las de afuera, más allá del eventismo, impone un tipo de estrategias organizacionales que favorezcan un diálogo permanente entre los actores internos y los actores externos.

 Luis Alberto Malagón P.

Es de gran importancia para operar un concepto de pertinencia curricular retomar aportes valiosos del sector externo como los referidos a los enfoques que buscan la formación de un espíritu gregario, de un hacer muy técnico pero a la vez muy teórico y unas competencias profesionales muy académicas y de baja intensidad social. Como bien lo expresa Grundy (1998, p. 22) detrás de todo el andamiaje pedagógico y didáctico encontramos un sistema de valores y creencias que fundamentan el quehacer práctico de la academia y es sobre ese sistema cultural que debemos intervenir; y no es posible hacerlo sólo con la visión unilateral y restringida que en muchos casos proporciona la academia por el aislamiento a que se somete en muchos casos.

La pertinencia institucional y curricular se encuentra en los discursos oficiales y no oficiales. Sin duda se trata de una preocupación que enmarca los planteamientos en torno a la rendición de cuentas y a las relaciones entre educación y trabajo, entre competencias profesionales y competencias laborales, entre profesión y empleo. Hoy la pertinencia encuentra un terreno muy fértil a partir de considerar que en el contexto de la sociedad del conocimiento, las universidades y el sector productivo han encontrado mayores afinidades que en el pasado con la sociedad industrial, sobre la base de que los procesos industriales exigían un pensamiento más lineal (Inayatullah & Gidley, 2003, p. 11) cuando la mente humana tiene una complejidad mayor. El paso de un sistema productivo industrial a un sistema productivo basado en el conocimiento exige el desarrollo de un pensamiento más complejo, no lineal y cargado de cierta incertidumbre.

En ese orden de ideas, el diálogo entre la academia y el sector productivo puede hacerse más fluido, aunque sigue siendo conflictivo sobre todo cuando se intenta mercantilizar la comunicación. Una cosa es que hoy existan escenarios más favorables para acercar la educación y el trabajo y otra cosa muy distinta, que la universidad deba mercantilizarse para apurar el diálogo. A partir de este tema surgen preguntas que nos interpelan sobre problemas básicos de las relaciones entre la educación y el trabajo, entre los currículos y las profesiones.

¿Deben las universidades construir sus currículos a partir una caracterización de las profesiones en el mercado y el desempeño laboral? ¿Los perfiles de desempeño laboral constituyen los referentes para la estructuración de las competencias profesionales? ¿Se trata entonces de que los currículos de la Educación Superior formen para el trabajo, entendido éste como el desempeño de unas funciones productivas en el circuito laboral? La universidad se niega a reducir su formación a los estrechos marcos de un puesto de trabajo. La universidad quiere formar para la vida, lo cual exige una formación mucho más integral, mucho más compleja, crítica y transformadora.

Cuando se aborda el análisis del currículo y de sus diferentes perspectivas, así como la construcción de los enfoques sobre la pertinencia, es posible *encontrar relaciones de continuidad* entre los marcos paradigmáticos educativos, los enfoques sobre la universidad, las perspectivas curriculares y las tendencias sobre la pertinencia. En el paradigma tecno-económico-educativo, la universidad de mercado, la perspectiva técnica del currículo y la pertinencia funcionalista hacen parte de un discurso que busca ante todo la adecuación de la escuela y de la comunidad educativa a las dinámicas del entorno y en función de una propuesta política, social, económica y cultural que tiende al mantenimiento del status quo social. Cuando se formulan las competencias laborales como el referente para la construcción de los currículos, simplemente estamos diciendo que en la relación educación-trabajo, la formación debe estructurarse de acuerdo con los límites y exigencias de un determinado espacio laboral en el contexto de una organización determinada, la cual es concebida como un hecho natural y no social e histórico.

El paradigma académico-social, enmarca un tipo de discurso sobre la universidad, el currículo, la pertinencia, el Estado, la sociedad, que apunta a considerar que la formación de la comunidad educativa no se queda simplemente en la adecuación social, en la inserción a un tipo de organización laboral y social de carácter natural, sino que por el contrario, la formación educativa se orienta a la construcción de sujetos y organizaciones capaces de trascender el status quo y capaces de interpretar de manera crítica y transformadora el entorno. Las competencias laborales no constituyen el único insumo en la construcción curricular.

La definición de la formación en función de unas dinámicas del trabajo constituye un referente necesario para generar competencias técnicas

 Luis Alberto Malagón P.

y tecnológicas que le permitan al sujeto comprender y manipular los procesos a los cuales deba enfrentarse pero sus responsabilidades sociales trascienden los estrechos límites de la órbita laboral. Los problemas políticos, sociales y culturales que atraviesan la existencia social y laboral no pueden ser invisibilizados por medio de un llamado a la pragmática y a lo concreto por cuanto significa que no estamos generando *formación integral* sino adiestramiento, instrucción y formación carente de humanidad como bien lo expresara Dengo (1995).

Y esto es válido no solamente por la importancia de conocer las nuevas cadenas de producción, las formas que asumen las profesiones en el engranaje de los procesos productivos y sociales, sino también por la responsabilidad social del currículo como puente entre la escuela y el entorno. Lograr avanzar de una pertinencia funcionalista a una pertinencia social e integral del currículo supone no solamente la adopción de un discurso más allá del paradigma tecno-económico y educativo, sino la comprensión clara y precisa de que la universidad no puede seguir manteniéndose en las márgenes, sino que debe involucrarse y asumir responsabilidades políticas desde su condición de institución educativa, formadora y productora de saber.

Esta discusión sobre la responsabilidad política de la universidad tiene un sentido más claro en el contexto de una sociedad como la latinoamericana y no tanto en las sociedades del norte. La característica conflictiva de la región Latinoamericana no constituye un simple insumo coyuntural, sino una variable estructural, cultural que no puede ser invisibilizada para poder transferir modelos educativos como quien importa electrodomésticos. Querer modular la formación en Latinoamérica bajo los esquemas del Norte con base en la idea de que la globalización rompió las fronteras y homogenizó al mundo, no solamente desconoce los procesos conflictivos y contradictorios de la globalización y la sociedad del conocimiento sino también desconoce que precisamente uno de los resultados más concretos de la globalización es la emergencia de mundos multiculturales (Inayatullah & Gidley, 2003, p. 14), de regiones de pensamientos diversos y regiones sociales, culturales y económicas, todo ello en contravía de una visión homogenizante y monocultural.

Una de las diferencias entre la formación hoy y la precedente es precisamente el carácter complejo y lleno de incertidumbre. Las cadenas de producción en serie muy propio del Fordismo no tienen cabida hoy en un mundo indefinible y con una producción más cercana a las dinámicas cambiantes del entorno (Torres Santomé, 1996, p. 21).

Hoy se vislumbra en América Latina un claro renacer de apuestas alternativas en lo social, económico, cultural y político. Fuerzas sociales y políticas no tradicionales han logrado acceder al poder con discursos en los cuales lo social, lo democrático, lo inclusivo, la tolerancia, la participación, el consenso, la productividad social, la competitividad equitativa, las mayorías activas y otros términos, expresan una forma diferente de concebir el mundo, la realidad y las dinámicas sociales. Esas nuevas esperanzas, nuevos sueños, nuevas utopías, permiten tener confianza en un futuro mejor y con mayor justicia social para América Latina.

Estas nuevas apuestas le abren caminos a alternativas más pluralistas, con mayor capacidad de cambio y transformación. No se trata de decir que de la noche a la mañana las tendencias dominantes sobre la universidad como es la tendencia mercantilista vaya a desaparecer, y las competencias laborales como referente para el diseño de los currículos sean transformadas de manera inmediata por una visión más integral de las competencias, y los presupuestos oficiales a la educación se aumenten en un 50%, y la tasa de cobertura en educación para América Latina se aumente del 22% aproximadamente al 45%, y las universidades se transformen de instituciones heterónomas en autónomas; las cosas no van a suceder de esa manera; lo que se ha hecho durante muchos años no se cambia de la noche a la mañana; pero, emergen nuevos escenarios más propicios para avanzar otras formas de concebir la educación, la universidad, las relaciones con el entorno.

Se trata de generar ambientes más favorables a los discursos crítico-reflexivos para construir entornos sociales proclives a opciones más pluralistas. La universidad no puede seguir configurándose como una institución de servicios, como un ente pasivo, acrítico, al vaivén de los mercados. La universidad debe aprovechar los espacios que se abren para retomar el camino hacia su modernización entendida como la apropiación de nuevas formas de producir saber, de socializarlo, de ar-

 Luis Alberto Malagón P.

ticularse con el entorno, sobre la base de una autonomía responsable con el conjunto de la sociedad y no solamente con el sector del gran capital que busca desde lo público y la compra de servicios dictarle *la agenda a la universidad* (Shugurenski, 2000).

Recuperar la agenda universitaria por parte de la comunidad educativa es un paso significativo en el fortalecimiento de la capacidad de negociación y construcción de consensos con el entorno. No renunciar a esas posibilidades coloca a la universidad en el umbral de una institución abierta a las diferentes corrientes del pensamiento contemporáneo para de esa manera seguir asumiendo el título de ser *universidad*.

En el capítulo primero se avanza un análisis del contexto en el cual tiene sentido la llamada universidad contemporánea en sus diferentes perspectivas y enmarcada en una visión sobre la educación superior en América Latina y Colombia. La tesis central que se maneja en este aparte apunta a considerar, por un lado, las especificidades de la Universidad Latinoamericana y por otro, las desigualdades en el contexto internacional y regional y los retos necesarios para que la Educación Superior en Colombia y en América Latina pueda ser interlocutor en el plano mundial.

El capítulo segundo nos involucra en el tema de la pertinencia y el currículo a través del análisis de documentos básicos que permiten comprender la conceptualización y operacionalización de esta categoría en el contexto de la relación universidad-sociedad. Igualmente se formula una propuesta sobre pertinencia curricular en términos de dispositivos para fortalecer la pertinencia de los proyectos de formación.

El capítulo tercero, aborda la discusión sobre el currículo, la pedagogía y la educación. Inicialmente nos encontramos con unas reflexiones sobre la educación y sus diferentes enfoques. Se avanza sobre el currículo, las perspectivas que formulan los diferentes estudiosos del tema y las relaciones entre pedagogía, didáctica y currículo. Se analizan propuestas curriculares con un valor histórico, teórico y metodológico importantes, tendientes a abrir el panorama sobre el potencial del currículo en las relaciones de la escuela con el contexto.

El capítulo cuarto, introduce el problema de la investigación en educación, su conceptualización y las formas o enfoques más relevantes en la literatura sobre educación. Termina con una reflexión sobre la praxis como teoría crítica de la educación.

El capítulo quinto contiene una hipótesis de trabajo sobre el papel del currículo en la transformación de la universidad. Si la universidad es ante todo una institución del conocimiento y la base fundamental es la formación sustentada en proyectos curriculares, entonces los cambios del currículo en una dirección diferente a la dominante podrían generar cambios sustanciales en la misión de la universidad.

–1–

UNIVERSIDAD Y CONTEXTO: ELEMENTOS PARA SU COMPRENSIÓN

El desafío que hoy se abre junto con la llegada del nuevo milenio es el de una "universidad de la vida cotidiana", es la universidad que logra ser a la vez sensata y soñadora (...) que ya no busca empecinadamente la homogeneidad y la certeza sino más bien se abre a la creatividad y a la incertidumbre. Su proyecto es el mestizaje, su tarea avanzar en el hallazgo y construcción de interfase: utopías y realidad, cognición y emoción, saber científico y saber común, arte y folclor, teorías y prácticas. Por lo tanto, la universidad debe establecer relaciones con todos los sectores de la sociedad (...) y además, con los distintos contextos socioculturales: localidad, región, provincia, nación y naciones del mundo (*Informe de la Comisión de Extensión Solidaria*, 1994).

El contexto estará referenciado a partir de un conjunto de consideraciones sobre tres variables determinantes: la globalización, la sociedad del conocimiento y la regionalización abierta. La conjugación de esos elementos nos brindará un marco certero para articular el devenir histórico-social y político de la universidad.

En una segunda instancia, se hace un recorrido por América Latina y la Educación Superior, buscando articular la relación entre educación y desarrollo y perfilar una comprensión de la Educación Terciaria tanto en lo histórico como en lo político.

La sociedad del conocimiento y la educación superior

Se denomina *sociedad del conocimiento* a esa nueva etapa de la civilización humana en la cual el recurso económico básico, el principal medio de producción ya no es la tierra o los recursos naturales, ni el trabajo, ni tampoco el capital, sino el conocimiento. "La sociedad del conocimiento es el sistema económico y social en donde el producto final se caracteriza más por un valor agregado de conocimiento incorporado, que por la cantidad de materiales utilizados en su manufacturación" (Niño Diez, 1999, p. 13).

Si esto es así, el conocimiento y, por tanto, la educación, serán el fundamento del nuevo orden social que comenzará a configurarse acompañando el devenir del tercer milenio.

En el nuevo milenio, cada individuo y cada organización construirá su capacidad de acción y, por tanto, su posición en la sociedad, mediante el conocimiento y la capacidad para generar nuevo conocimiento, que le permita adaptarse al ritmo veloz del cambio. Este es el rasgo central de las *sociedades del conocimiento*, o sociedades capaces de generar conocimiento acerca de su realidad y de su entorno, y capaces de utilizar dicho conocimiento para concebir y construir su futuro. De esta forma, el conocimiento se convierte no sólo en instrumento para explicar y comprender la realidad, sino también en motor de desarrollo y factor dinamizador del cambio social". (Chaparro Osorio, 1999, p. 252).

La producción, socialización, recreación y en general las apropiaciones del conocimiento para los múltiples fines sociales, sólo es posible a través de la educación, bajo los diferentes entornos de sistematización de los aprendizajes. El siglo que terminó dio paso al siglo de la racionalidad científico-tecnológica, en donde las formas de producción y la organización general de todos los procesos sociales, girará en torno al conocimiento y sus diferentes formas. El patrón tecno-bio-informático, constituirá la clave de los conocimientos a generar. Enmarcados en una profunda tensión entre el interés utilitarista y el interés ético de la supervivencia de la vida humana y de todas las formas de vida existentes.

De alguna forma, la sociedad del conocimiento es la sociedad de la educación y podríamos decir que la centralidad del conocimiento significa la centralidad de la educación. A medida que el conocimiento se convierte en el factor de producción más importante en la vida social, la educación adquiere dimensiones más allá de las institucionalidades tradicionales. Hoy todos hablamos de educación permanente para referirnos a procesos educativos en la inmensidad de la cotidianidad; a educación para toda la vida, para referirnos a educación de las personas en todas las etapas de su vida. No hay límites, ni hay espacios en donde la educación no fluya.

Difícilmente hoy, podría hablarse de instituciones educativas y no educativas o de entornos educativos y no educativos. El conocimiento y la educación se constituyen en pilares básicos de la existencia humana. Siempre lo fueron, pero hoy son reconocidos más allá de una decisión política e histórica.

Las cinco grandes revoluciones propuestas por la Comisión Internacional sobre Cultura y Desarrollo de la UNESCO (Tunnermann Bernheim. 1994, p. 11-13), se constituyen en las expresiones más claras de ese proceso de consolidación de la sociedad del conocimiento:

- La revolución científica, la cual ha permitido la transformación del planeta, colocando al conocimiento como el factor fundamental de desarrollo
- La revolución económica, como consecuencia de la globalización
- La revolución política, a partir de los avances significativos en la consolidación de las democracias reales, con la participación de la sociedad civil y todas las formas de expresión ciudadanas
- La revolución de la crisis del Estado-nación, la cual replantea los conceptos de soberanía, derecho internacional y autonomía regional y local
- La revolución tecnológica, que sentó las bases de la llamada aldea global

 Luis Alberto Malagón P.

Pero además de estas cinco revoluciones, es conveniente una revolución en el sistema ético y filosófico que enfrente los paradigmas de la razón instrumental que tendencia la cultura dominante. Se necesita una revolución que recupere lo humano, su diversidad y complejidad, como la base de una nueva cultura social, política y económica. Se trata de una revolución que reinvente al hombre. Es una revolución educativa que busca recontextualizar al hombre y recontextualizar su praxis para lograr cambios profundos en su cotidianidad.

Es necesario prestar atención a las políticas y recomendaciones que ha propuesto la UNESCO en los últimos años, precisamente como respuesta a estos fenómenos mundiales que configuran la crisis social en el mundo. Recordemos, en primer lugar, las conclusiones de la *Comisión Internacional sobre Educación para el siglo XXI*, designada por la UNESCO en 1993 y presidida por J. Delors:

- Define la educación como una posibilidad al servicio del desarrollo humano para combatir la pobreza, la exclusión, la intolerancia, la opresión y las guerras
- La educación permanente constituye la estrategia más importante para articular el sujeto en su condición de ciudadano del mundo y de su país
- En lo pedagógico, es preciso de introducir métodos de enseñanza que enfaticen los hábitos de estudio, la investigación y la pedagogía crítica
- Los cuatro grandes pilares de la educación serán: aprender a saber, aprender a hacer, aprender a ser y aprender a convivir
- Las tres dimensiones de la educación son: ética y cultura, científica y tecnológica, y social y económica
- Las universidades, como instituciones fundamentales de toda sociedad, deberán ser fortalecidas

Tampoco debemos olvidar las principales directrices de la *Declaración sobre la Educación Superior en el siglo XXI: visión y acción*, en la Conferencia Mundial sobre Educación Superior, realizada en París, en 1998. Podemos sintetizarlas así:

- Contribuir al desarrollo sostenible y al mejoramiento continuo de la sociedad a través de:

- Formar ciudadanos responsables, altamente calificados y capaces de intervenir en la transformación del entorno
- Conformar un *espacio abierto* para que la Educación Superior propicie el aprendizaje permanente
- Promover la investigación como estrategia para generar y difundir conocimientos
- Contribuir al proceso de comprender, interpretar, preservar, reforzar, fomentar y difundir las culturas nacionales, regionales, internacionales e históricas, en un contexto de pluralismo y diversidad cultural
- Preservar y construir los valores de la sociedad, sobre los que se levanta la ciudadanía democrática y el pensamiento crítico en un marco humanista.

- La comunidad universitaria, profesores, estudiantes y trabajadores, deberá realizar sus actividades en el marco de los valores éticos y el rigor científico e intelectual, así como en la autonomía con responsabilidad
- La equidad en el acceso a la Educación Superior deberá estar basada en la meritocracia y en los conocimientos y experiencias acumuladas a lo largo de toda la vida
- La pertinencia constituye un eje central de la política universitaria. Se expresa en la apertura de la universidad a la sociedad, en un diálogo permanente entre la comunidad universitaria y la comunidad educativa en general. Para ello, la universidad debe abrir sus puertas, integrar el trabajo académico con el trabajo productivo social, diversificar la oferta para ampliar las oportunidades, generar propuestas pedagógicas innovadoras que estimulen el pensamiento crítico y creativo y, articular las nuevas tecnologías de la información y de la comunicación en el marco de una pedagogía crítica
- Los estudiantes constituyen el centro de la educación y son los protagonistas alrededor de los cuales deberá estructurarse la misión y la visión de las instituciones de Educación Superior

La Conferencia también establece unas grandes acciones prioritarias para la transformación de la Educación Superior:

     Luis Alberto Malagón P.

- Evaluación permanente e integral de la calidad de la educación
- Apropiar las nuevas tecnologías de la información y de la comunicación para un aprovechamiento productivo de sus potencialidades bajo criterios éticos y científicos, para la transformación de los entornos de aprendizaje
- Fortalecer la gestión y el financiamiento de la Educación Superior que permita ampliar la cobertura y mejorar la calidad y, fortalecer la autonomía
- Generar múltiples formas de organización entre instituciones nacionales y transnacionales que permita la socialización del conocimiento y un aprovechamiento estratégico de las fortalezas institucionales

La educación superior en América Latina

Si bien se ha avanzado enormemente en el campo educativo, no se han logrado cumplir las metas esperadas y en especial el propósito más importante: alcanzar la modernidad.

Pero América Latina y el Caribe entran al siglo XXI con problemas del siglo XX; así que nuestros sistemas educativos tienen ahora que responder a una doble exigencia. Por un lado, acabar de cumplir la vieja promesa de la modernidad: una escuela efectivamente universal y efectivamente educadora. Y, por otro lado, preparar nuestras sociedades para el desafío pluralista de la postmodernidad y para su integración exitosa a la aldea global, caracterizada por industrias y procesos productivos cuyos insumos críticos son la información y el talento creador (*Educación, la agenda del siglo XXI: hacia un desarrollo humano*, 1998, p. 25).

Principales logros e insuficiencias de los sistemas educativos

Logros:

- Expansión de la matrícula. En los años 60 podría hablarse de una generación semianalfabeta: entre el 30 y 50% de los adultos no podían comunicarse de manera escrita. Exceptuando el cono sur y el Caribe anglófono que estaban por debajo del

25%. Para 1990 el 85% de los adultos podía escribir. En 1994 más de 127 millones de niños y jóvenes eran atendidos por el sistema educativo. Hoy 9 de cada 10 niños asisten a la escuela, lo cual influirá en la disminución del analfabetismo.

- Las tasas de escolarización femeninas registran tasas mayores que las masculinas y eso se explica por los avances en los derechos de la mujer y además porque efectivamente en los años sesenta muy pocas niñas ingresaban a la escuela y a los colegios.
- Para mediados de los noventa, en todos los países de la región existen sistemas organizados de formación para el trabajo tanto formales como informales y no formales. Este hecho obedece a los procesos de industrialización de la región y a la adopción del modelo de sustitución de importaciones que generó demanda de mano de obra calificada para atender los requerimientos de la emergente industria nacional.
- La asignación de recursos para educación creció entre los sesenta y los ochenta, se disminuyó un tanto en esta década pero en lo noventa nuevamente se registró un aumento. En 1970 era del 2.9 del PIB y en 1993 fue del 4.1.
- Un conjunto de reformas educativas ha presionado cambios importantes en los sistemas, tanto en las formas organizativas, de administración y de gestión, como en los modelos pedagógicos.

El panorama de las innovaciones educativas es por supuesto disparejo, su cobertura en general es limitada, y sus resultados en muchos casos aún no han sido bien evaluados. Pero, a no dudar, la creatividad de tantas instituciones y personas constituye una potente infraestructura para el cambio, que de por sí pone en ventaja a Latinoamérica y el Caribe sobre otras regiones del mundo en desarrollo (*Educación, la agenda del siglo XXI: hacia un desarrollo humano*, 1998, p. 61).

Insuficiencias:

- El total de expansión de la tasa de escolaridad para los años treinta fue un acumulado del 17.6%. Sin embargo el 14.4% se dio durante la primera mitad del período 1965-1980. Esto significa una desaceleración y un desarrollo lento al final.

 Luis Alberto Malagón P.

- Estos avances se han dado de manera desigual y con ribetes marcadamente clasistas. No hay una escuela universal sino escuelas que responden a grupos sociales diferenciados. "Las disparidades educativas no son fruto del azar. Están sistemáticamente asociadas con las demás formas de desigualdad social, y en especial con el grado de desarrollo regional, con la residencia rural o urbana, con la extracción de clase, con el origen étnico y con el género" (*Educación, la agenda del siglo XXI: hacia un desarrollo humano,* 1998, p. 63).

- La inversión en educación se ha hecho más fuerte en el sector terciario, en el cual la presencia de sectores pobres es casi nula. A partir de 1980 el aumento de matrícula se concentró en el terciario (creció un 40%) en 1980, mientras que el sector primario creció sólo el 16%. El gasto por estudiante de postsecundaria es siete veces más alto que el de primaria. El sector terciario absorbe el 23% del gasto total en el sector y sólo atiende al 6.3%, en cambio el sector primario absorbe el 72.6% de la matrícula con un 51% del gasto en el sector.

- Los resultados académicos no son los mejores. América Latina tiene las tasas de repitencia más altas del mundo, con las consecuencias que de allí devienen: irracionalidad en el gasto, deserción y retraso en el desarrollo.

- La inversión es ineficiente. En 1960, 18 millones de latinoamericanos habían terminado los estudios de secundaria y el mismo número lo habían hecho en el sudeste asiático. Treinta años después, 45 millones lo han hecho en América Latina y 70 millones en el sudeste asiático. Ellos tienen una escolaridad de 8.65 y nosotros de 4.85.

El balance al final es negativo y los resultados de acuerdo a la interpretación de Londoño, y que es muy discutible, deja entrever que existe una articulación relevante entre la dinámica del capital humano y los niveles de desigualdad y pobreza:

Las conclusiones son contundentes. *Primero,* el alto grado relativo de desigualdad en la región se origina primordialmente en dos características del capital humano: su bajo nivel y su distribución sumamente desigual. *Segundo,* la insuficiencia y creciente desigualdad de la educación es un elemento esencial para explicar el deterioro de la distribución del ingreso durante los últimos años. *Tercero*, las deficiencias en formación de capital también explican el menor ritmo de crecimiento económico de América Latina, respecto de otras regiones (*Educación, la agenda del siglo XXI: hacia un desarrollo humano*, 1998, p. 68).

La mayoría de los estudiosos sobre la Educación Superior (Tünnerman, García Guadilla, Francisco López, Gorostiaga, Yarzabal, Brunner, Didriksson, entre otros), coinciden en afirmar que el período correspondiente a la segunda mitad del siglo XX ha representado transformaciones significativas tanto en lo cuantitativo como en lo cualitativo de la educación terciaria. De igual forma, afirman que se han logrado metas importantes pero también se han profundizado los problemas y la brecha con los países altamente desarrollados.

También encontramos una profunda fragmentación y diferenciación entre grupos de universidades en el conjunto de América Latina y en cada país. Colombia es quizás uno de los ejemplos más significativos al respecto y ello quizás, porque allí el crecimiento cuantitativo fue bastante amplio y la expansión del sector privado sobrepasó cualquier cálculo. Para 1950 de cada 100 estudiantes que ingresaban a la universidad (Educación Superior), 80 lo hacían a las universidades públicas y 20 a las privadas; hoy, de cada 100 estudiantes que ingresan a la Educación Superior, 80 lo hacen a las privadas y 20 a las públicas. Los cambios más importantes son expuestos de manera sintética a continuación, tomando como base los estudios de: Tünnermann (2000, p. 280), García Guadilla (1996, p. 287), Claudio de Moura Castro y Daniel C. Levy (1997, p. 53).

- Una considerable expansión cuantitativa de la matrícula. El número de inscritos pasó de 270.000 en 1950 a cerca de ocho millones en 1994. El 68.5% corresponde a universidades y el 31.5% a otras instituciones de Educación Superior, IES. Para 1995 el número total de IES en los 19 países de América Latina y el Caribe Hispano es de 5.438, de ellas el 54% pertenecen al sector privado y sólo el 15% son instituciones universitarias. Sólo el 13.5% de la población tiene Educación Superior.
- En 1950 el número de instituciones de Educación Superior era de 75 y en 1995 más de cinco mil, de las cuales 800 son universidades. El sector privado ha tenido un incremento significativo,

 Luis Alberto Malagón P.

pasando de 31 establecimientos en 1960 a 545 en 1995. A su vez la matrícula aumentó del 15% al 38%. En términos generales, la presencia de lo privado se encuentra en mayor cantidad de matrícula en las instituciones no universitarias. El porcentaje de lo privado en las universidades es de 27%, mientras que en otras instituciones no universitarias es de 47%.

- Para 1950 el número de docentes era aproximadamente de 25 mil, para 1995 es de un millón aproximadamente. El promedio de estudiantes por docentes es de nueve en el sector público.

- El SNES en relación con el número de estudiantes comporta los siguientes grupos: megasistemas con más de un millón de estudiantes: Argentina, Brasil y México; sistemas grandes, entre un millón y 500.000 mil estudiantes: Colombia, Perú y Venezuela; sistemas medianos entre 500.000 y 150.000 estudiantes; Bolivia, Cuba, Chile y Ecuador; sistemas pequeños, menos de 150.000 estudiantes: Costa Rica, El Salvador, Guatemala, Honduras, Nicaragua, Panamá, Paraguay, República Dominicana y Uruguay. La tasa bruta de escolarización regional de la Educación Superior es de 20.7% para 1994. Esto significa que la región ha entrado en lo que se ha llamado modelo de acceso de masas con la excepción de algunos países que todavía tienen un modelo de élite.

- El presupuesto público de Educación Superior para la región llega a más de 7 mil millones de dólares, representando en promedio el 20.4% del presupuesto dedicado a todos los niveles educativos y el 2.5% del presupuesto nacional. El gasto público total en Educación Superior alcanza a más de 9 mil millones de dólares, con un gasto público unitario de aproximadamente 2.000 dólares. La relación de gasto público con el PIB es de 0.88%. El gasto unitario de las universidades (US$ 3.011) es mayor que el gasto unitario promedio (US$ 2.024) de lo cual puede derivarse que el gasto en las instituciones universitarias es mayor que en las no universitarias. El costo por estudiante en América es en promedio 2.000 dólares, en el caso francés por ejemplo es de 8.500 dólares.

- Los resultados de la Educación Superior en América latina y el Caribe, pueden considerarse mixtos. Como logros importantes pueden anotarse: la Educación Superior ha producido históricamente un cúmulo de profesionales bien preparados para los sectores privado y público. Las tasas de rendimiento continúan siendo positivas. Los efectos de la Educación Superior no son exclusivamente económicos ni exclusivamente educativos. Sus efectos han sido importantes en el desarrollo de la democracia y el pensamiento crítico. La matrícula femenina ha aumentado considerablemente, hoy representa algo más del 40%. La cultura y la identidad nacionales reciben de la universidad apoyo importante para su difusión. Cerca del 80% de la investigación se genera en las universidades. Las universidades han entrado en procesos de internacionalización importantes a través de intercambios, convenios y alianzas estratégicas, lo que ha redundado en un fortalecimiento de la formación profesional. La evaluación y acreditación han pasado a ser actividades básicas de la universidad, lo cual ha permitido fortalecer la relación de la universidad con la sociedad. La rendición de cuentas aparece como una política ligada a la misión de la universidad.

- La expansión acelerada en las últimas décadas profundizó la crisis del sistema y desequilibró los niveles de calidad del sistema. Los procesos de planificación, gestión y administración son muy deficientes. La alta deserción y el bajo número de estudiantes por profesor y por funcionarios administrativos afecta la eficiencia y eficacia del sistema. A pesar de los esfuerzos académicos, los currículos y la organización académica todavía permanecen atados al pasado y a pesar del esfuerzo de algunas instituciones para renovarse el conjunto se mantiene con estructuras bastante arcaicas.

La universidad latinoamericana no ha permanecido estática, ha sufrido cambios importantes en su devenir. Tünnermann refiere cuatro tipos de universidades en relación con las épocas históricas (2000) universidad colonial, universidad republicana, la universidad moderna y la universidad contemporánea. A su vez Arturo Jofré se refiere a cuatro concepciones de la universidad, que también están referidas a ciertos períodos históricos (1998, p. 11-56): *elitista*, desde 1538 hasta finales del siglo XIX; *abierta*, que se correspondería con la universidad que surgió del Movimiento de Córdoba en 1918 y se extendería hasta finales de los 60; *desarrollista*, que correspondería a la universidad surgida en el marco de los inicios de la globalización; y, finalmente una concepción *integradora*, la cual se trata de una propuesta a futuro. De

 Luis Alberto Malagón P.

igual manera, Brunner en su ya famoso trabajo sobre la caracterización de la universidad latinoamericana, expuso dos grandes modelos de universidad (1985, p. 108): la elitista, tradicional y autónoma; y la moderna y heterónoma. La primera anclada en las sociedades predominantemente agrarias y de bajo desarrollo industrial y las segundas ligadas a los procesos de modernización, urbanización y gasificación de la educación. Las primeras muy desligadas de los procesos sociales, introyectadas en su ideal y por ende poco pertinentes y las segundas, más integradas a las dinámicas sociales y con mayor capacidad de intervención institucional.

Existen también otras formas de clasificar las universidades, según su misión y sus prioridades institucionales y de alguna forma los modelos universitarios del viejo mundo que le haya servido de patrones. En ese sentido, José Luis García Garrido refiere por un lado los modelos del siglo XIX (1999, p. 48):

- *Oxbridge.* Corresponde a la simbiosis entre la Universidad de Oxford y Cambridge, las cuales representan el modelo inglés. Educación general y liberal en medio del saber universal
- *Napoleónico.* Dominante en gran parte del espectro universitario en el mundo. Enseñanza profesional uniforme, confiada a un cuerpo organizado
- *Humboldtiano.* La universidad alemana por excelencia. Unidad de investigación y enseñanza, al centro del universo de las ciencias. Estructurada por departamentos académicos

Por otro lado, formula la concepción de la universidad de la sociedad industrial. Aunque no es muy clara la idea del autor, es posible concluir que se trata de un modelo de universidad, que si bien puede diferenciarse de los rígidos modelos del siglo XIX y presenta serias diferencias con ellos, de alguna forma se trata de una concepción de universidad acorde con las demandas del mundo actual, quizás se trate de la universidad moderna de Brunner o de la universidad contemporánea de Tünnermann o la universidad integrada de Jofré.

El análisis cuantitativo y cualitativo del devenir de la universidad latinoamericana nos permite arribar a unas conclusiones muy claras sobre el hoy y las tendencias en el futuro inmediato y mediato.

1. La relación universidad-desarrollo se concreta a través de las políticas del Estado y de los organismos internacionales relacionados directamente o indirectamente con la educación. En ese sentido, las políticas que han llevado al cambio entre el Estado de bienestar y el Estado neoliberal en el contexto de la globalización se manifiestan con mucha claridad en los cambios de las políticas para la Educación Superior. Esto es lo que Didriksson denomina primer escenario:

> ...tiene como motivos de cambio, la presión por la reducción del presupuesto gubernamental y la pretensión de diversificar sus recursos de ingreso bajo un *efecto sustitutivo acumulativo*, se adapta a la regulación económica y busca vincularse al mercado bajo un modelo organizacional de [*institución orientada a servicios*]. La reorientación de sus procesos académicos tiende a fomentar la individualización de la enseñanza y los aprendizajes, se manifiesta a favor de un enfoque de competencias laborales, refuerza el vocacionalismo, la deshomologación de los salarios del personal académico y la acreditación de sus funciones suscrita por agencias externas.

[...]

> La tendencia predominante de este modelo es que la noción de cambio que se maneja, es más 'cosmética' que real (Didriksson, 2000, p. 193).

2. Es difícil hablar del modelo de la universidad latinoamericana, dada la diversidad institucional (referida en el diagnóstico anterior) y la brecha tan grande entre los grupos de universidades con las demás instituciones de Educación Superior y al seno de cada grupo. Por ello, decir que la universidad latinoamericana es Napoleónica, Humboldtiana, inglesa o norteamericana, es estar un tanto lejos de la realidad, por cuanto son modelos que se corresponden con organizaciones sociales distintas a las nuestras y segundo, porque sería una generalización sin sentido. Lo que sí tiene sentido decir, es que la universidad latinoamericana entre los años 60 y los noventa ha cambiado significativamente, tanto

en los aspectos cuantitativos como cualitativos. En los primeros, porque el Sistema de Educación Superior (no las universidades que son una parte) se ha masificado; y, en los segundos, porque la universidad de hoy está presionada para convertirse en lo que Didriksson anotaba anteriormente, en una institución de servicios. Pero además por cuanto la Universidad de los sesenta y setenta, elitista y tradicional, tenía un carácter más critico y era más deliberativa que la universidad de hoy.

3. En los diferentes escritos analizados, se observa una crítica en torno a que en el conjunto del gasto público en educación, el de Educación Superior es más alto en términos absolutos que el de los demás niveles, lo que conlleva a la conclusión de que es preciso reorientar el gasto hacia los sectores básicos y buscar la autofinanciación del sector terciario. Los datos expresados anteriormente son claros en el sentido de que el promedio o tasa de escolaridad de la Educación Superior (13%) es muy bajo en relación con los países altamente desarrollados. Ello significa que sí es preciso reorientar los recursos educativos y a la vez elevar las tasas de escolaridad en este sector, entonces los recursos para ello, ¿de dónde se obtienen? Y la respuesta es clara: instituciones de servicios.

4. Un aspecto que concreta también la relación universidad-desarrollo es lo referente a la investigación, la ciencia y la tecnología. La masa crítica dedicada a estos avatares en el mundo en desarrollo es insignificante con respecto a los países desarrollados e incluso a aquellos países con desarrollo emergente (sudeste asiático) y ello corresponde con el nivel de desarrollo social (económico, político y social). En ese sentido, esta es una debilidad o una deficiencia estructural, que tiene una solución integral y no parcializada en la creencia de que reorientar recursos a la investigación de hecho catapulta la producción de ciencia y tecnología. Hasta ahora, la investigación ha estado ligada a las universidades y por ello su solución está en ese marco institucional.

5. La Conferencia Regional de La Habana (CRESALC-UNESCO, 1996), preparatoria a la Conferencia Mundial de la UNESCO en

París en octubre de 1998, preparó una *Agenda de la Educación Superior para América Latina y el Caribe*, la cual trabajó en cinco comisiones con base en los siguientes temas, que al final se convirtieron en programas de trabajo para la comunidad universitaria de América Latina: Pertinencia de la Educación Superior, relación integral universidad-sociedad; Calidad de la Educación Superior, valorización de los concretos de la misión de las universidades; Gestión y financiamiento de la Educación Superior, nuevas estrategias para el mejoramiento de la gestión y la financiación de las universidades; Conocimiento y uso de las nuevas tecnologías de información y comunicación, apropiación del conocimiento de sociedad del conocimiento; y, Reorientación de la cooperación internacional, integración de las universidades en los circuitos mundiales de la Educación Superior. Esta conferencia representó un paso importante en el análisis crítico de nuestra realidad y en la búsqueda de nuevas alternativas y nuevos escenarios para la Educación Superior.

6. Daniel Filmus, refiriéndose al Nuevo Modelo Económico, NME –pareciera el sustituto de las políticas neoliberales– plantea que su aplicación ha tenido y tiene efectos bastante negativos para la educación en general y la Educación Superior en particular y que de alguna manera la década perdida ya no solamente corresponde a los ochenta sino también a los noventa, dadas las características de esta política:

...los rasgos principales del Nuevo Modelo Económico han sido: el achicamiento del Estado (a partir de las privatizaciones y la reducción del gasto público); estabilidad macroeconómica (combate a la inflación y reducción del déficit fiscal); desplazamiento del papel directivo del Estado hacia la conducción de la economía por las fuerzas del mercado; un modelo de crecimiento basado en las exportaciones y en la apertura de la economía al comercio y las finanzas internacionales y la flexibilización y desregulación del mercado laboral (Filmus, 2000, p. 28).

Como puede deducirse, las repercusiones en el campo educativo han sido bastante letales y reducen las posibilidades de democratización de las transformaciones educativas.

En el panorama actual de América Latina es posible identificar con claridad tres grandes enfoques sobre la universidad.

El primero, la universidad tradicional representada por una visión endógena y sustentada en la idea de que el papel de la universidad está orientado a la producción y reproducción del conocimiento en función de los intereses académicos de la comunidad de intelectuales que rigen los destinos de la institución. Este enfoque se corresponde con escenarios socioeconómicos y políticas de bajo desarrollo con una propuesta del Estado de bienestar que dominó la historia política en las primeras décadas de la segunda mitad del siglo XX.

El segundo enfoque aparece con el avance de las economías de mercado, con la consolidación de la globalización y del Estado neoliberal que le exigen a la universidad adecuarse a las dinámicas de su desarrollo. Aparece entonces la denominada universidad de mercado o lo que denominan el capitalismo académico. Se trata de un enfoque que busca la homologación de los procesos académicos a los procesos productivos y la adopción por parte de la universidad del metalenguaje empresarial. Se trata de la apuesta del primer mundo para el tercer mundo con el fin de garantizar que la universidad asuma su papel de compromiso en la formación del talento humano que la nueva sociedad necesita.

El tercer enfoque lo constituye el surgimiento de un proyecto alternativo a los dos anteriores y orientado a trascender los discursos funcionalistas que sustentan la idea de que la universidad debe adecuarse a los nuevos tiempos. Se trata de una propuesta nacida del mismo seno de la universidad tradicional y quizás de su misma crisis y emerge como un norte capaz de reorientar la formación, la investigación, la producción del conocimiento y la proyección institucional. Se trata de lo que González Casanova (2001) ha denominado la universidad social y necesaria. Una institución con una visión crítica, constructiva de nuevas opciones y con capacidad de intervenir el contexto social. Se trata entonces de un proyecto que entiende e interpreta los nuevos escenarios pero que reafirma el papel crítico-reflexivo y transformador de la universidad. Investiga y produce conocimiento para el bienestar del conjunto de la sociedad y no de una pequeña minoría. Visualiza el carácter social de la ciencia, la técnica y la tecnología y busca un desarrollo sostenible y sustentable de la sociedad.

Los avances políticos de nuevas fuerzas democráticas en América Latina muestran la creación de escenarios más favorables a este tipo de enfoque que a cualquier otro. Aunque es posible diferenciar instituciones como representativas de uno u otro enfoque, por ejemplo, un buen número de universidades privadas y algunas públicas interpretan mejor el discurso del enfoque hacia la universidad de mercado, lo que se evidencia con mayor claridad en muchas universidades y en especial en las públicas es la coexistencia de los diversos enfoques al seno de las instituciones con correlaciones de fuerzas diversas y con tendencias dominantes en ciertos periodos de tiempo. Por lo menos en Colombia hay una lucha importante al seno de la universidad pública para resistir el embate del Estado que intenta de todas las formas posibles consolidar el proyecto de una institución de servicios y no de una *universidad* con todas las implicaciones históricas, teóricas, políticas, sociales y culturales que su denominación tiene.

En América Latina esta confrontación es más evidente por la naturaleza conflictiva de la formación social. Los gobiernos afianzan el modelo de mercado empresarial en las Universidades y los movimientos universitarios continúan la resistencia pasiva y activa que muchas veces no tiene éxito pero que pone en evidencia los postulados del modelo de mercado y sus consecuencias fatales para el desarrollo social, humano y democrático.

Si nos adentramos en el estudio específico de universidades en particular, por ejemplo UNAM, UBA, UCR o UNC, probablemente nos encontramos con una realidad compleja y cambiante, en la cual los procesos tradicionales y modernos se combinan con matices dominantes, pero siempre con una tendencia dominante o mejor una perspectiva dominante. El discurso social sobre la universidad busca ante todo confrontar tanto en el terreno ideológico como en el político los dos paradigmas mencionados, ya sea para lograr redireccionar las orientaciones hegemónicas en algunas instituciones, ya sea también para contrarrestar el proceso galopante de imponer a sangre y fuego el capitalismo académico, se trata de un discurso para la acción institucional y contrainstitucional, incluso pueden lograrse avances im-

     Luis Alberto Malagón P.

portantes al seno mismo de las llamadas megauniversidades, aunque la intencionalidad con estas instituciones es convertirlas en complejos académico-industriales y en el paradigma de la universidad del futuro en el mundo de hoy.

–2–

PERTINENCIA
Y
UNIVERSIDAD

Históricamente la relación universidad-desarrollo en América Latina ha sido muy endeble y sólo recién hasta bien entrada la década de los noventa y como resultado del impacto de los procesos de globalización en la Educación Superior, las universidades han flexibilizado (modernizado) sus estructuras y formas organizativas, adecuando su misión a los intereses y demandas de la sociedad. Ya Shugurensky (2000) había expresado, en relación con la universidad canadiense, la dinámica de tránsito de instituciones autónomas (control de su agenda) a instituciones heterónomas (agenda compartida y a veces impuesta desde afuera), como resultado de la presión de la doble hélice: Estado y sector productivo.

El modelo clásico de Educación Superior hizo crisis. Esta afirmación es compartida por la mayoría, por no decir, la totalidad de los estudiosos de este campo. Esa crisis surge como resultado, tanto de los escenarios que configuran el nuevo orden mundial y regional, como de factores estrechamente relacionados con la misma Educación Superior.

 Luis Alberto Malagón P.

Esos factores pueden agruparse de la siguiente forma:

- Masificación de la Educación Superior, que ha desbordado la capacidad institucional y coloca en serios riesgos la calidad de la formación superior.
- Reducción del financiamiento estatal y mayores controles al gasto y a la inversión en el sector. Esta situación ha llevado a las instituciones a buscar otras fuentes presupuestales y a generar mecanismos para fortalecer su responsabilidad social.
- La pérdida de autonomía en la fijación de la agenda de la Educación Superior por parte de las instituciones ha conllevado a un replanteamiento en el contexto de la autonomía universitaria y al tránsito hacia un estado de heteronomía institucional, esto es, establecimiento en la práctica de un cogobierno en la forma de la triple hélice: Universidad, Estado y Sociedad. La idea de una universidad responsable consigo misma, es un concepto que pertenece a otra época.
- La responsabilidad social de la universidad ha dejado de ser un principio expuesto en la carta orgánica para traducirse en una política de rendición de cuentas que tiene su manifestación más clara en los procesos de acreditación institucional y social de cara al país.
- Los sistemas pedagógicos convencionales han mostrado su incapacidad para responder a las necesidades actuales de una formación integral centrada en la creatividad, comprensión, participación y construcción social del conocimiento.
- Las nuevas tecnologías de información y comunicación, NTIC, han generado nuevos escenarios tecnológicos que modifican radicalmente los procesos a través de los cuales circula y se desarrolla la información y el conocimiento e impactan de manera profunda, no sólo los hábitos cotidianos de relacionarse, sino los procesos institucionales de formación.
- Las universidades han perdido su exclusividad como únicas instituciones capaces de generar conocimiento superior o como dice Gibbons, "las universidades ya no son la fuente remota y el manantial de la invención y la creatividad. Ahora son parte de la solución y la identificación de problemas y de la intermediación estratégica que caracteriza a las [*industrias del conocimiento*]" (Gibbons, 1998, p. 2), lo cual supone que las universidades

como cualquier otra "empresa del conocimiento" entra en el mercado de la competitividad con otras instituciones no tradicionales en el área de la formación superior.

- Hay un proceso de redefinición de los saberes, en el cual las aulas académicas ya no constituyen los espacios naturales de construcción del conocimiento, sino los contextos de aplicación de la ciencia: la práctica. En ese sentido hay un desplazamiento hacia la investigación como el motor de desarrollo en la función social de la universidad. De igual manera, las diferentes formas de organización del conocimiento: inter, trans y multidisciplinariedad, constituyen propiedades importantes para los procesos de formación y de articulación de la relación universidad-contexto, por cuanto involucran elementos como: contextos de aplicación como espacios de generación de conocimientos; las alternativas de solución conjugan componentes teóricos y empíricos; la comunicación y distribución de los resultados se dan a través de todos los participantes en el proyecto y no simplemente a través de los cauces institucionales; y, lo transdisciplinario aprovecha la problemática en movimiento, responde a las necesidades del contexto e interacciona con las necesidades del medio.

A partir de la conjugación de estos factores con los nuevos escenarios se producen debates, discusiones y replanteamientos sobre la función social de la universidad (pertinencia) y que permite desarrollar diversos discursos sobre esta temática, los cuales dan origen a enfoques o tendencias que favorecen la comprensión del concepto.

Análisis sobre la pertinencia

Comenzaremos con los documentos de la UNESCO, los cuales son cuatro: *Documento de política para el cambio y el desarrollo en la Educación Superior* (1995), *Plan de acción para la transformación de la Educación Superior en América Latina y el Caribe* (1996), *La Educación Superior en el siglo XXI: visión y acción. Documento de trabajo* (1998) y, finalmente, *Declaración mundial sobre la Educación Superior en el siglo XXI: visión y acción* (Documento final, 1998).

No hay duda que el *Documento de política para el cambio y el desarrollo en la Educación Superior* publicado por la UNESCO en 1995

 Luis Alberto Malagón P.

constituye la carta de navegación de ese organismo internacional sobre la Educación Superior para el próximo milenio. En sus 54 páginas y seis apartes, se formula la visión y los derroteros para la Educación Superior: tendencias, desafíos, respuestas, cambios y desarrollos, y, la Universidad Dinámica y el nuevo pacto académico, constituyen un discurso coherente y acorde con las dinámicas de transformación de la Educación Superior.

Después de formular las *tendencias* de la Educación Superior (expansión cuantitativa, diversificación de estructuras y formas; restricciones de la financiación y los recursos, creciente internacionalización); los *desafíos* que se plantean a la educación superior en un mundo que se transforma se agrupan en el aparte III: panorámica de los principales desafíos (democratización, mundialización, regionalización, polarización, marginación y fragmentación, los imperativos cambiantes del desarrollo económico y tecnológico, y, nuevas estrategias de desarrollo y educación superior); aparece el cuarto aparte, las *respuestas* de la Educación Superior: un nuevo concepto. Dentro de las respuestas, además de la Calidad y la internacionalización aparece *la pertinencia de la educación superior*, la cual es desarrollada a través de siete componentes.

El primero, *relaciones con la sociedad en su conjunto*, la educación superior debe ser capaz de responder a los problemas básicos de la sociedad y a los problemas específicos en los ámbitos regional, local, nacional o de comunidades determinadas, manteniendo sus principios y valores como institución de enseñanza superior, pero a la vez integrándose a las dinámicas de un mundo en transformación. La pregunta que según el documento resume en este aparte y quizás la prospectiva de la Educación Superior en el presente y el futuro es: ¿cuál es y cuál debería ser la función de la educación superior en la sociedad presente y futura?

El segundo componente, *La educación superior y el mundo del trabajo*. Las relaciones entre la Educación Superior y el mundo del trabajo se mediatizan a través de dos perspectivas: una, las economías modernas utilizan de un modo más intensivo el conocimiento, presionando a las universidades para la producción de una fuerza de trabajo intelectual más amplia; dos, esa fuerza de trabajo intelectual, necesitan procesos de renovación permanentes para responder a las dinámicas cambiantes del mundo del trabajo. Esta situación incide directamente en los propios currículos dominantes en el panorama universitario, y la vez, en la transformación de la universidad en espacios para el aprendizaje permanente y para todos.

El tercer componente, *Las relaciones con el Estado y las bases de la dirección y gestión de los centros.* No hay duda que este componente de la pertinencia, es quizás uno de los más polémicos y controversiales. La existencia de dos sistemas: estatal y privado y la manera como el Estado se relaciona con cada uno de ellos, hace de este componente una trama compleja de interacciones. Aunque es difícil hacer sistematizaciones generales, tanto longitudinales como transversales, quizás podría decirse que las relaciones con el Estado han estado siempre tensionadas en torno a una mayor o menor intervención de este en los distintos procesos institucionales. Si se pudiera hablar de una tendencia hoy de esas relaciones, quizás podríamos decir que el Estado asume un papel, más como evaluador y regulador. Con el establecimiento de los Sistemas Nacionales de Acreditación, CNA (caso Colombia); el Estado busca intervenir activamente sobre la calidad a través de organismos fiscalizadores y de control, y sobre la eficiencia y la transferencia en el manejo de los recursos públicos.

Frente al problema de la dirección y la gestión, se presenta la situación actual:

Los análisis de la situación actual de la enseñanza superior coinciden de modo unánime en que la insuficiencia de recursos financieros es uno de los principales obstáculos con que tropieza su desarrollo. Parece poco probable que este problema de los recursos limitados disponibles vaya a ser resuelto en un futuro próximo, por lo que los centros de educación superior van a tener que encontrar un modo de hacer frente a esta situación (*Documento de política para el cambio y el desarrollo de la Educación Superior. París: La Organización*, 1995. p. 33).

Se plantean retos muy exigentes, que apuntan no solamente a una racionalización de los exiguos recursos asignados, sino a generar políticas de gestión de otras formas de financiación, además de la estatal, lo que coloca a la universidad frente a un replanteamiento del

 Luis Alberto Malagón P.

conjunto de sus relaciones con el entorno, en términos de una mayor interacción y también a realizar profundos cambios en sus estructuras orgánicas y de organización.

El cuarto componente, *Financiación y gastos compartidos*, se relaciona directamente con la asignación de los recursos por parte del Estado y el cumplimiento de sus funciones, que hoy son mayores y más exigentes: ampliación de la cobertura, democratización, modernización institucional, entre otras. Al respecto, el documento hace una reflexión que conviene hacer explícita.

"Existe el peligro de que una política radical de separación entre el Estado y la educación superior en materia de financiación aplicada en función de un concepto demasiado estrecho del valor social de un determinado nivel de educación suscite excesivas presiones tendientes a la recuperación de costos y la búsqueda de financiación sustitutiva y de economías por rendimiento interno en la enseñanza, la investigación y la administración. Igualmente peligrosa es la demanda excesiva de "comercialización" de las actividades de los centros de educación superior. (*Documento de política para el cambio y el desarrollo de la Educación Superior,* 1995. p. 34).

La tendencia es muy clara: disminución del financiamiento gubernamental, con múltiples consecuencias en la vida de la universidad. Daniel Schugurensky lo plantea muy claramente y merece observarse.

El proceso de resolución de esta tensión [aumento de la población estudiantil y la disminución del financiamiento gubernamental] tiene al menos tres dimensiones: una dimensión técnica (que implica que tanto actores universitarios como extra-universitarios deben examinar alternativas, enfrentar dilemas, generar consensos y tomar opciones), una dimensión política (que se relaciona, en parte, con el poder relativo de los distintos actores involucrados para defender o atacar las diferentes opciones), y una dimensión filosófica-ideológica (que se relaciona con los propósitos últimos de la educación superior). El proceso no es lineal ni carente de conflictos. En el centro del debate está uno de los dilemas más difíciles que deben enfrentar los gobiernos democráticos y las universidades: cómo armonizar los objetivos del sector público, los intereses privados y el ethos académico (Schugurensky, 2000, p. 1).

El quinto componente, *La renovación de la enseñanza y el aprendizaje: problemas de contenido y pedagogía*. La explosión de conocimiento, la ampliación de la demanda, NTCI y el desarrollo de nuevas pedagogías, exige de las instituciones de Educación Superior un replanteamiento estructural de las formas de producir, reproducir y distribuir socialmente el conocimiento. Cuando se habla de formas, se entienden nuevas propuestas organizativas para la oferta académica, nuevas metodologías para la circulación de los saberes y la apropiación pedagógica de las NTCI. Son cuatro componentes que deben ensamblarse en el nuevo proyecto académico: una teoría de la organización, una teoría pedagógica, una teoría curricular y las NTCI, se trata de la reinvención de la universidad, bajo los criterios de flexibilidad, creatividad e innovación.

El sexto componente, *Fortalecimiento de las funciones de investigación de la educación superior*. No hay duda que la investigación constituye un eje nodal en la definición institucional de la universidad, mucho más importante hoy, en que el conocimiento se ha constituido en el referente más importante de las formaciones sociales. Pero ¿cómo generar investigación, como fuente de nuevos conocimientos y de planes de desarrollo y de alimento a la formación, si hay restricciones financieras a la universidad pública? Es una pregunta que ha tenido –desde el punto de vista de los organismos multilaterales y del propio Estado– una respuesta: venta de servicios y cofinanciación. ¿Cuáles podrían ser las implicaciones acerca de la calidad de la formación universitaria, si las diferentes unidades académicas y con ellas, su fuerza de trabajo intelectual se van a la caza de contratos y venta de servicios? No es difícil adivinarlo: la comercialización de la universidad. El *Documento de política para el cambio y el desarrollo en la Educación Superior* expresa esa preocupación: "La importancia que se da a las ganancias a corto plazo y la presión de las limitaciones presupuestarias, pueden a la larga menoscabar la función de los centros de Educación Superior en cuanto al adelanto del conocimiento y la formación de los futuros científicos e investigadores industriales" (*Documento de política para el cambio y el desarrollo de la Educación Superior*, 1995, p. 37).

Pero la investigación, no es solamente la generación de nuevos o la reproducción de conocimientos; la investigación es una práctica, es una disciplina que forma, que fortalece la creatividad y la imaginación, que

 Luis Alberto Malagón P.

fomenta el trabajo colectivo y por supuesto es un dispositivo curricular y pedagógico (didáctico).

El séptimo componente, *La responsabilidad de la educación superior con respecto a los otros niveles educativos.* La necesidad de una mayor coherencia entre la Educación Superior y los demás subsistemas de educación, es consustancial a los procesos de la formación integral, tanto de los docentes como de los futuros egresados, pero igualmente por cuanto lo que suceda en los primeros niveles va a afectar significativamente los procesos de la enseñanza superior.

Cada uno de estos componentes de alguna manera expresan, lo que podríamos denominar una faz de la pertinencia. Así, podríamos hablar de pertinencia social, pertinencia económica, política, cultural, pedagógica. Pero igual, nos permite entender que la pertinencia no es simplemente un problema de relaciones con el sector productivo, sino que involucra otras variables, que a veces son desechadas, cuando pueden tener una importancia semejante.

La importancia del documento –además de que representa una formulación estratégica sobre la Educación Superior– radica en que retoma la pertinencia como una de las tres respuestas claves en la transformación de la Educación Superior.

Para concluir, veamos como define el documento la pertinencia:

Se habla aquí *de pertinencia*, en particular, desde el punto de vista del papel desempeñado por la enseñanza superior como sistema y por cada una de sus instituciones con respecto a la sociedad, y también desde el punto de vista de lo que la sociedad espera de la educación superior. La pertinencia debe pues abarcar cuestiones como la democratización del acceso y mayores oportunidades de participación en la educación superior durante las distintas fases de la vida, los vínculos con el mundo del trabajo y las responsabilidades de la educación superior con respecto al sistema en su conjunto. No menos importante es la participación de la comunidad de la educación superior en la búsqueda de soluciones a problemas humanos apremiantes como la demografía, el medio ambiente, la paz y el entendimiento internacional, la democracia y los derechos humanos (*Documento de política para el cambio y el desarrollo de la Educación Superior*, 1995, p. 29).

Varios elementos son necesarios de resaltar en esta definición: uno, que la pertinencia está concebida en función del papel que la universidad debe desempeñar de acuerdo a lo que la sociedad reclama, pero no es claro o no se plantea por lo menos en esta definición, lo que la universidad espera de la sociedad, esto es, la interacción y dinámicas de esa relación; dos, la relación con el mundo del trabajo y laboral es un componente, además de otros como la democratización en el acceso y la intervención pragmática; tres, lo cultural no aparece, por lo menos explícitamente, sobre todo cuando hoy, ese es un problema bien complejo; y, finalmente, la idea de que la universidad pudiera ser una entidad de servicios docentes para la sociedad.

En el análisis de los documentos posteriores de la UNESCO, la idea central de pertinencia se va a mantener casi sin cambios significativos, como efectivamente podrá observarse.

El segundo documento, *Plan de acción para la transformación de la Educación Superior en América Latina y el Caribe*, es el resultado de la *Conferencia Regional de la UNESCO sobre Políticas y Estrategias para la Transformación de la Educación Superior en América Latina y el Caribe*, realizada en La Habana, Cuba, en noviembre de 1996. Contiene además de la declaración, el plan de acción con sus correspondientes fundamentos, concepciones, objetivos y la formulación de cinco grandes programas de acción con el objetivo:

Lograr una transformación profunda de la educación superior en América Latina y el Caribe, para que se convierta en promotora eficaz de una cultura de paz, sobre la base de un desarrollo humano fundado en la justicia, la equidad, la democracia, y la libertad, mejorando al mismo tiempo la pertinencia y la calidad de sus funciones de docencia, investigación y extensión, ofreciendo igualdad de oportunidades a todas las personas a través de una educación permanente y sin fronteras, donde el mérito sea el criterio básico para el acceso, en el marco de una nueva concepción de la cooperación regional e internacional (*Informe final Conferencia regional sobre políticas y estrategias para*

 Luis Alberto Malagón P.

la transformación de la Educación Superior en América Latina y el Caribe, 1998, p. 51).

Los programas son: *Mejoramiento de la pertinencia, Mejoramiento de la calidad, Mejoramiento de la gestión y el financiamiento, Gestión académica de las nuevas tecnologías de información y comunicación,* y *Reorientación de la cooperación internacional.* En relación con la pertinencia, el Plan retoma la definición expuesta en el *Documento de política para el cambio y el desarrollo en la Educación Superior*, pero al momento de formular los objetivos y las líneas estratégicas, precisa elementos como la identidad cultural, el sentido de pertenencia "a la comunidad de naciones de América Latina y el Caribe" (*Informe final Conferencia regional sobre políticas y estrategias para la transformación de la Educación Superior en América Latina y el Caribe*, 1998, p. 53) y apuntala la idea, esbozada brevemente en el documento anterior, sobre:

Realizar cambios en las estructuras organizativas y en las estrategias educativas a fin de lograr un alto grado de renovación, agilidad y flexibilidad en la oferta curricular, programas y métodos pedagógicos, asegurando la educación permanente de excelencia, la investigación de frontera, el espíritu de indagación, la creación intelectual y la formación integral de los estudiantes (*Informe final Conferencia regional sobre políticas y estrategias para la transformación de la Educación Superior en América Latina y el Caribe*, 1998, p. 53).

El tercer documento, *La Educación Superior en el siglo XXI: visión y acción. Documento de trabajo*, contiene seis capítulos, el segundo de ellos referido a la pertinencia de la Educación Superior, uno de los cuatro temas claves de la Conferencia Mundial sobre la Educación Superior, realizada en París, en octubre de 1998. De igual manera que el anterior documento, este parte de la definición que aparece en el *Documento de política para el cambio y el desarrollo en la Educación Superior*, acentuando que en la perspectiva del siglo XXI, la pertinencia se torna en un imperativo estratégico para las instituciones de Educación Superior.

Entiende la pertinencia en el sentido de "Estar en contacto con..." (*La Educación Superior en el siglo XXI: visión y acción.* 1998. p. 19).

Uno, con las políticas, en el sentido de sintonizarse con las líneas orientadoras para el desarrollo nacional, regional y local. Articular en sus discursos, interpretaciones sobre el devenir social, de tal manera que las decisiones que se tomen en política sean adecuadas para un desarrollo humano sostenible;

Dos, con el mundo del trabajo, la relación universidad-empresa, la vinculación universidad-sector productivo, constituye un mecanismo para la modernización de la universidad y la producción, a partir de compartir sus experiencias y de generar espacios nuevos de cooperación que van a beneficiar al conjunto de la sociedad;

Uno de los primeros frutos de este contacto reside en el hecho de que el mundo de la empresa puede aportar a la enseñanza superior su espíritu empresarial y su afán de eficacia y eficiencia, su sentido de la competitividad, su interés por la competencia; recíprocamente, el mundo de la enseñanza superior puede aportar la sabiduría de su legendario distanciamiento con respecto a los fenómenos y a las apariencias, su capacidad de previsión y su interés por el largo plazo, los efectos multiplicadores de los resultados de su investigación básica, su afán por la universalidad de la verdad y de la justicia para el desarrollo de un mundo más armonioso (*La Educación Superior en el siglo XXI: visión y acción*. 1998. p. 20).

Tres, con los demás niveles del sistema educativo, al igual que el documento anterior, *Plan de acción para la transformación de la Educación Superior en América Latina y el Caribe*, se reitera la importancia de la direccionalidad del nivel superior sobre el resto de niveles y en la necesidad de una coherencia entre todos, que permita la formulación de un proyecto común de educación en función de un proyecto general de desarrollo;

Cuatro, con la cultura y las culturas. Se reafirma la búsqueda de la identidad cultural y de la construcción de una cultura universal que tengas expresiones nacionales y regionales de acuerdo a las diferencias. Se trata de una cultura *multicultural*. El reconocimiento de o cultural como un componente de la pertinencias tiene un gran significado en el diseño de un concepto integral de pertinencia;

  Luis Alberto Malagón P.

Cinco, ser pertinente es estar en contacto con todos. A pesar de las intenciones de la Conferencia de Jomtien, en 1990 y su declaración de una educación para todos en el año 2000, la realidad muestra un aumento de la escolaridad a nivel global, pero "se estancan e incluso retroceden en algunas regiones del mundo donde las políticas de ajuste estructural se llevan a cabo a expensas de las necesidades sociales y donde los genocidas han hecho desaparecer hasta el 50% del cuerpo de docentes" (*La Educación Superior en el siglo XXI: visión y acción.* 1998. p. 23);

Seis, ser pertinente es estar en contacto siempre y en todas partes. La posibilidad de una educación permanente, para toda la vida, exige, estructuras flexibles, diversidad metodológica en la enseñanza y una mayor apertura en las relaciones universidad-contexto;

Siete, ser pertinente es estar en contacto con los estudiantes y profesores. Acceso, participación, evaluación, constituyen acciones que deben ser realizadas por la comunidad universitaria bajo los principios de la universidad para todos y de todos: garantizar que la base de las relaciones entre la universidad y los sujetos educativos se haga en torno al mérito y al dominio de las competencias necesarias para la Educación Superior.

Este documento se constituye en el antecedente inmediato de la *Declaración Mundial de Educación Superior* y el *Marco de Acción Prioritaria*, de tal forma que contiene los elementos básicos en lo referente a la pertinencia.

El cuarto documento, lo constituye la *Declaración Mundial sobre la Educación Superior en el siglo XXI: visión y acción*, así como el *Marco de acción prioritaria para el cambio y el desarrollo de la Educación Superior*.

El "Artículo 6. Orientación a largo plazo fundada en la pertinencia", formula cuatro lineamientos básicos en relación con la pertinencia: uno, la evaluación de la pertinencia se debe hacer en relación con la *adecuación* entre lo que la sociedad espera de las instituciones y lo que éstas hacen; dos, se deben reforzar las funciones de *servicio a la sociedad,* con actividades que permitan resolver los grandes problemas de la sociedad como la pobreza, violencia, intolerancia, analfabetismo, deterioro del medio ambiente, a través de propuestas inter y transdisciplinarias; tres, aportar alternativas para el desarrollo del conjunto de sistema educativo, incidiendo significativamente en los factores para el mejoramiento cualitativo de esos niveles de educación (investigación educativa, capacitación y formación docente); y cuatro, "d). En última instancia, la educación superior debería apuntar a crear una nueva sociedad no violenta y de la que esté excluida la explotación, sociedad formada por personas muy cultas, motivadas e integradas, movidas por el amor hacia la humanidad y guiadas por la sabiduría" (Declaración mundial sobre la Educación Superior en el siglo XXI: visión y acción, Artículo 6).

La lectura de este artículo sexto, deja entrever que la pertinencia es un propósito, de alguna manera utópica, y en ese sentido, sería más una orientación y una intencionalidad, que una política. Los documentos anteriores visualizaban la pertinencia como una propuesta objetiva que buscaba articular la universidad y el contexto en la perspectiva de generar cambios en los dos sentidos. Los términos adecuación, funciones de servicios, dejan entrever una idea funcionalista de la pertinencia, que le quita todo el carácter proactivo e interactivo que debiera tener.

De alguna forma es justo reconocer que el debate sobre la pertinencia gira en torno a las propuestas de la UNESCO y ellas han servido de referente para otras posturas que se analizarán a continuación.

Michael Gibbons, ha producido el documento *Pertinencia de la Educación Superior en el siglo XXI*, presentado en el Marco de la *Conferencia Mundial de Educación Superior* e integrado a las deliberaciones como un documento básico. Este documento fue el resultado de un estudio apoyado por el Banco Mundial como apoyo a la Conferencia Mundial sobre la Educación Superior de la UNESCO.

Para el autor, el eje nodal alrededor del cual el concepto de pertinencia sufre cambios fundamentales es la *producción del conocimiento*. De acuerdo a sus consideraciones, se están produciendo cambios importantes en relación con la creación del conocimiento que afectan significativamente las relaciones universidad-sociedad (pertinencia) y las mismas estructuras académicas de las universidades. Dos formas o

 Luis Alberto Malagón P.

modos de producir y distribuir el conocimiento marcan el discurso del doctor Gibbons en torno a la pertinencia: *modalidad 1 y modalidad 2*. Las características de una y otra podrían resumirse así:

Modalidad 1: basada en la estructura disciplinar del conocimiento y la generación del conocimiento se produce en el marco unidisciplinar. Las estructuras organizativas son jerárquicas y se mantiene en los muros de la universidad. Sus relaciones con el contexto son exclusivamente académicas.

Modalidad 2: basada en una estructura transdiciplinaria, el conocimiento se produce en relación con su aplicación, privilegia formas de organización más planas, fomenta el trabajo creativo y colectivo, favorece la apropiación compleja de la realidad, tiene un mayor contacto con el contexto y su responsabilidad es más social y reflexiva. El carácter transdisciplinario representa quizás la propiedad más importante de esta modalidad y podría decirse que los rasgos que nos indican ese carácter son cuatro: contexto de aplicación claramente establecido, como base para la producción del conocimiento; las alternativas de solución conjugan elementos teóricos y empíricos; la comunicación y distribución de los resultados se dan a través de todos los participantes en el proyecto y no simplemente a través de los cauces institucionales; y, lo transdisciplinario aprovecha la problemática en movimiento, responde a las necesidades del contexto e interacciona con las dinámicas contextuales.

Ahora bien, de los planteamientos anteriores en relación con las modalidades propuestas, se podría extrapolar consecuencias en relación con los modelos generales de universidad y podría concluirse que la modalidad 1 se asimila a la universidad tradicional y la modalidad 2 a la universidad emergente. Veamos algunas consideraciones que el autor hace al respecto:

- En relación con las universidades, la cultura en relación con el conocimiento se desplaza de la ciencia a la investigación y esto supone estructuras y organizaciones diferentes, en tanto el desarrollo de la investigación implica un conjunto de relaciones con múltiples agencias de investigación. La misma gestión de las universidades se ve afectada, hoy con la necesidad de alianzas, asociaciones con el mundo exterior y la demostración de la calidad, se constituyen en imperativos del accionar institucional.

- En relación con los planes de estudio, el peso de la modalidad 1 es evidente: "Por ejemplo, hay una semejanza fácilmente reconocible en el contenido de los cursos de pregrado en física, química, biología, ingeniería mecánica, economía y ciencia política, cualquiera sea el lugar del mundo donde se dicten" (Gibbons, 1998). Pero este esquema ha hecho crisis desde hace tiempo por la asimetría entre las necesidades en el mundo real y los conocimientos que proporcionan las disciplinas por separado. La complejidad de la realidad y de los problemas del mundo contemporáneo no puede responderse con estructuras fragmentadas, sino con conocimientos pertinentes (Morin, 1999, p. 15).

La pertinencia o vinculación universidad-sociedad es visualizada a través de tres formas fundamentales: *responsabilización*, entendida como una mayor sensibilidad al contexto y que se traduce en una apropiación de la problemática social y una mayor integración con las dinámicas que devienen de esa problemática, igualmente como "la obligación de informar a otros, de explicar, de justificar, de responder preguntas acerca de la forma en que se han usado los recursos" (Gibbons, 1998, p. 67) *relaciones de confianza* con las comunidades, entendida como, la participación de las comunidades en los desarrollos de la Educación Superior y de éstas en los procesos de las comunidades; y, la *vinculación con los mercados*, entendida como la venta de bienes y servicios a la industria, al comercio y a quien necesite de sus productos.

El concepto de pertinencia que el autor trabaja, parte de un supuesto en relación con los cambios en la educación superior y que aparecen muy bien expuestos en la siguiente cita:

Un nuevo paradigma de la función de la educación superior ha venido surgiendo poco a poco durante los últimos veinte años. Aparentemente ha desaparecido la magnanimidad de un Von Humboldt o un Newman, con su búsqueda del conocimiento por el conocimiento en sí. Sus lugares han sido ocupados por un concepto de la educación superior según el cual las universidades han de servir a la sociedad, primordialmente respaldando la economía y mejorando las condiciones de vida de sus ciudadanos. Si bien es cierto que las universidades retienen todavía su función de "conciencia de la sociedad", la función crítica ha sido desplazada de otra más pragmática en términos de suministro de recursos humanos calificados y la producción de conocimiento... El nuevo paradigma trae consigo una nueva cultura de responsabilización como lo demuestra la proliferación de la ciencia de la gestión y un ethos que procura lograr un buen rendimiento de la inversión en todos los sistemas de educación superior en el ámbito internacional (Gibbons, 1998, p. 1).

En ese orden de ideas la pertinencia además de ser concebida como la "adecuación o pertinencia no es un concepto estático sino más bien funcional, que va adaptándose a un ambiente tecnoeconómico determinado pero en evolución" (Gibbons, 1998, p. 12), será "juzgado principalmente en relación con la contribución que efectúen al desarrollo económico..." (Gibbons, 1998, p. 2).

Cuatro elementos son claros en la conceptualización de Gibbons sobre la pertinencia: uno, el cambio de paradigma en la educación superior: de la autonomía a la heteronomía, "las universidades ya no son la fuente remota y el manantial de la invención y la creatividad. Ahora son parte de la solución y la identificación de problemas y de la intermediación estratégica que caracteriza a las industrias del conocimiento" (Gibbons, 1998, p. 35) el desplazamiento de la calidad, de los procesos a los productos, de la ciencia a la investigación; la relación estrecha entre pertinencia y aprovechamiento, rendimiento y desarrollo económico; y, finalmente, la asimilación de pertinencia a adecuación y adaptación.

La doctora Carmen García Guadilla en un documento titulado *El valor de la pertinencia en las dinámicas de transformación de la Educación Superior en América Latina* (Yarzabal, 1997, p. 47-80), realiza una reflexión sobre la pertinencia en el siguiente sentido.

Parte de considerar como carencias de la Educación Superior: la calidad, el financiamiento, la flexibilidad curricular, la equidad, la pertinencia y la eficiencia interna y, como alternativas de solución: búsqueda de alternativas de financiamiento, relaciones más estrechas con el sector productivo, búsqueda de una mayor eficiencia de las instituciones a través de mecanismos de evaluación y acreditación.

Comparte con la mayoría de los estudiosos de la Educación Superior el papel fundamental del conocimiento en la definición del nuevo paradigma tecnoeconómico. Se trata de lograr "la sociedad del conocimiento con altos niveles de pertinencia social, económica y cultural" (Yarzabal, 1997, p. 63) y para ello, las transformaciones en las instituciones de educación superior constituyen los mecanismos que la hacen posible.

Su concepto de pertinencia es desarrollado a través de un conjunto de referentes en relación con el conocimiento, la universidad y la sociedad.

Pertinencia y procesos de selección de la información. La sociedad se encuentra dotada de las NTCI que han generado nuevas formas en las relaciones del conocimiento con los sujetos y con sus entornos contextuales, que en muchas oportunidades llenan los espacios de toneladas de información, haciendo difícil discriminar entre lo valioso y la basura. Ello exige el desarrollo de tecnologías sociales que permitan seleccionar y filtrar informaciones "pertinentes y estratégicas" (Yarzabal, 1997, p. 64).

Pertinencia y nuevo proyecto educativo centrado en el aprendizaje. El nuevo modelo educativo tendrá cambios pedagógicos importantes: los roles de profesor y estudiante serán modificados, redefinidos haciéndose menos jerárquicos, menos dependientes y más colaborativos e interactuantes; el conocimiento será apropiado de diferentes maneras, dentro y fuera de la universidad. La creatividad, la imaginación, la reflexión y el trabajo colectivo constituyen estrategias para el trabajo cognoscitivo. El campus universitario no tendrá límites y el aprendizaje será durante toda la vida, sin restricciones de tiempo y lugar.

Pertinencia y producción del conocimiento. Al igual que Gibbons, García Guadilla reconoce en la producción del conocimiento una de las formas más claras de interacción entre la universidad y el contexto. El desplazamiento del eje sobre el cual se generaba el conocimiento de lo disciplinar a lo interdisciplinar, multidisciplinar y transdisciplinar,

 Luis Alberto Malagón P.

involucra componentes del contexto (problemas, necesidades, retos) a la base de la construcción de nuevos sentidos a la pertinencia.

Pertinencia y organización del conocimiento. Las formas tradicionales de organización del conocimiento: la disciplina, como visión unilateral de la realidad, no agota la comprensión de ella y mucho menos en sus dimensiones complejas. De tal forma que se precisa de instrumentos más potentes, de nuevas formas de acumulación del saber y el concurso de colectivos, equipos que manejen más de una disciplina y nuevas disciplinas o paquetes de saber.

Pertinencia y nueva concepción de las profesiones. Si se colocara como fundamento de la pertinencia la VUSP (Vinculación Universidad-Sector Productivo), para el caso de América Latina, las consecuencias serían graves, ya que los porcentajes de atención de las IES (Instituciones de Educación Superior) son muy bajos, lo cual muestra que contingentes muy grandes de sectores sociales quedan por fuera de los "saberes y profesiones que legitiman las IES" (Yarzabal, 1997, p. 66). De allí que, las fuentes para una mayor pertinencia y para la definición de las profesiones, debe involucrar, además de los sectores productivos, aquellos sectores productivos, que parecieran no orbitar en los espacios dominantes de la economía.

Estas reflexiones nos permiten entender que la pertinencia se construye de manera diferente, en razón de contextos diferentes. Probablemente en los países altamente industrializados la *pertinencia económica* (Yarzabal, 1997, p. 68) adquiera un mayor significado; y en los países de América Latina, la *pertinencia social*, constituya el mecanismo que permita "la búsqueda de nuevos esquemas en la organización del mundo del trabajo, y por lo tanto de las profesiones" (Yarzabal, 1997, p. 68).

Pertinencia y ampliación del concepto de función social de la universidad. Durante mucho tiempo se han mantenido como funciones esenciales de la universidad: la docencia, la investigación y la extensión, y esta función era considerada como la verdadera función social de la universidad. Hoy con la inclusión de la pertinencia en la agenda de la Educación superior en el mundo, la función social de la universidad constituye la esencia misma de la universidad. El término extensión y el concepto consustancial a él, poco a poco van desapareciendo del lenguaje universitario. García Guadilla es muy clara al respecto.

Sin embargo creemos que la función social de la universidad no se cumple plenamente, ni a través de la 'extensión' ni a través de relaciones más estrechas con el sector productivo. En el primer caso, porque la idea de extensión tal y como se ha entendido en el modelo anterior, significa algo que se 'añade' pero que no es substancial de la universidad. En el segundo caso, porque las relaciones universidad-sociedad en nuestros países deben ir más allá de las relaciones universidad-sector productivo (Yarzabal, 1997, p. 68-69).

Pertinencia y diversificación de los destinatarios de las profesiones. Los destinatarios de las profesiones universitarias son los que las pueden pagar: el mercado y el estado, quienes pueden pagar sus servicios. El estado ha ido transfiriendo responsabilidades al sector privado y este los ha encarecido, dificultando que amplios sectores puedan tener acceso a ellos. La educación es un ejemplo muy claro. Las instituciones de excelencia académica están vedadas para los sectores sociales bajos y sólo las instituciones de garaje albergan a esas poblaciones, que en su gran mayoría van a engrosar los contingentes de desempleados.

Pertinencia y relaciones entre el espacio social de las profesiones y el espacio social de las instituciones. Definitivamente la única fuente para la generación de las nuevas profesiones no puede ser los comités que se desprenden de la VUSP, se precisa de formas de interacción entre la universidad y el contexto que involucren aquellos sectores que no están incorporados a lo que se denomina la economía formal. Los conocimientos producidos, reconfigurados y reproducidos deben ser transferidos a todos los sectores sociales y económicos de tal forma que ello aumente la capacidad productiva de toda la población vinculada directa e indirectamente a la economía.

Pertinencia y ampliación de las relaciones Inter-universitarias en los ámbitos nacional, regional e internacional. La integración a diferentes niveles en el sector universitario debe involucrar los diferentes saberes de los diferentes grupos sociales, no sólo tecnologías de alto nivel, sino tecnologías intermedias, e incluso de baja composición científica, pero que pueden ser apropiadas por ciertas comunidades y generar

 Luis Alberto Malagón P.

procesos productivos no competitivos en el mercado internacional y nacional, pero sí en las regiones y localidades.

Pertinencia, nuevas formas de liderazgo y el valor del compromiso en las alianzas. El avance del modelo heterónomo de la universidad debe ser encausado en función del conjunto de la sociedad y no solamente en función del sector productivo (economía formal). La universidad no puede renunciar a su capacidad crítica, a pensar estratégicamente en función de los intereses del conjunto de la población y no solamente en función de los sectores dominantes, considerados más dinámicos y aportantes a la economía. Una mayor integración universidad-sociedad, fortalece la capacidad de liderazgo de la universidad y la sintoniza con los grandes y los pequeños problemas. Pero la pertinencia social no es solamente una mayor vinculación universidad-sociedad en el sentido de retomar los problemas sociales como fuente para la producción de conocimientos, es igualmente importante, crear espacios de participación con las comunidades, construir confianza y credibilidad, cambiar la imagen de isla y reinsertarse en el mundo real.

La pertinencia y la investigación sobre Educación Superior. Dos niveles o dos tipos de investigación sobre la educación son propuestos. Uno, orientada a la sistematización de información, datos, estudios comparados, sobre los diferentes tópicos de la educación superior con el propósito de acumular información que sirva de consulta, de soporte y que sea además de buena calidad. Dos, producción de conocimientos propios. Esto es, que asuma como objeto de estudio los temas específicos de nuestra realidad y que apunta a generar propuestas innovadoras, capaces de dar respuesta a los inmensos problemas que nos aquejan. No se trata de investigar sobre como adecuar nuestra realidad a los modelos del primer mundo, se trata de construir alternativas, creativas, imaginativas y realistas que den cuenta de nuestro desarrollo, con y a pesar de la globalización.

La pertinencia en la evaluación institucional. La autoevaluación y la acreditación se han constituido en procesos inherentes a la universidad moderna. Pero la evaluación debe partir de nuestras propias condiciones, atender nuestras particularidades, responder a los condicionamientos del contexto. Las reglas que sirven de base a los criterios para medir la calidad deben ser tomadas de las características de nuestro sistema.

La reflexión como pertinencia. Quizás una cita de la autora, nos aclare este punto:

Para construir respuestas pertinentes será preciso situarse en un campo donde la crisis, las turbulencias y los desórdenes dejen de verse sólo como contextos de riesgo y comiencen a vislumbrarse como campos de posibilidades. Para una comprensión compartida de nuevas realidades es preciso el trabajo colectivo de todos los actores involucrados en la construcción de una sociedad del conocimiento que garantice la equidad y, por lo tanto, al servicio a todos los actores sociales. [*En una sociedad basada en el conocimiento, la distribución equitativa de la riqueza implica, más que nunca, una equitativa distribución del conocimiento*] (Yarzabal, 1997, p. 77).

No hay duda que el punto de vista de García Guadilla es desde y para América Latina, mientras que el del doctor Gibbons, es más un punto de vista desde los países industrializados para todo el mundo.

El doctor Carlos Tünnermann Berheim en *Universidad y sociedad* (Tünnermann Berheim, 2001, p. 326) dedica el Capítulo 7 a reflexionar sobre la pertinencia social, destaca cómo el tema de pertinencia constituye uno de los tres componentes sustanciales en el debate sobre la Educación Superior. Al momento de definir la pertinencia social, se observa lo que podría denominarse una pertinencia social restringida y una pertinencia social ampliada. La primera se reduciría a dar respuesta a las demandas de la economía o del sector laboral o Gprofesional (Tünnermann Berheim, 2001, p. 241) y la segunda (la ampliada) "trasciende esas demandas y debe analizarse desde una perspectiva más amplia, que tenga en cuenta los desafíos, los retos y demandas que al sistema de educación superior, y a cada una de sus instituciones que lo integran, impone la sociedad en su conjunto" (Tünnermann Berheim, 2001, p. 241).

Al ahondar en el concepto de pertinencia amplia, introduce los términos de apreciación interna (Tünnermann Berheim, 2001, p. 242) de la pertinencia para referirse a las misiones de docencia, investigación

 Luis Alberto Malagón P.

y extensión, y la apreciación externa (Tünnermann Berheim, 2001, p. 242) a la proyección de esos quehaceres en la sociedad.

Considera cuatro aspectos que no pueden ser dejados de lado al momento de conceptuar la pertinencia: uno, el proyecto educativo de la institución; dos, el conjunto del sistema educativo (los demás niveles educativos); tres, con el mundo del trabajo; y cuatro, con la ciencia y el conocimiento, en especial con las formas de organización del conocimiento.

La idea de trascender las demandas del sector productivo y ampliar la intervención social de la universidad en el conjunto del sistema social, permite darle a la pertinencia una dimensión más integral y más comprometida.

Conviene resaltar la relación que se señala entre la pertinencia y el currículo, al mencionar que la pertinencia exige la flexibilidad curricular y nuevos modelos pedagógicos, que favorezcan la acción institucional pertinente (Tünnermann Berheim, 2001, p. 243).

La doctora Hebe Vessuri, coordinadora del Foro sobre la pertinencia, organizado por la UNESCO después de la Conferencia Mundial de Educación Superior, asume como punto de partida la definición general que la UNESCO ha dado a la pertinencia: "coincidencia entre lo que las instituciones de Educación Superior hacen y lo que la sociedad espera de ellas" (Vessuri, 1998, p. 417) pero, agrega o mejor desagrega el concepto en un conjunto de componentes o factores involucrados, asociados, con el concepto: papel del Estado; crecimiento demográfico y la educación de la población; globalización, regionalización y subregionalización; crecimiento científico acelerado; acceso y participación, aumento de la sensibilidad cultural y las presiones para la democracia y la paz; nuevas clientelas y las cambiantes necesidades del mundo laboral; nuevos métodos didácticos fruto de las nuevas tecnologías; limitaciones de la financiación estatal; y, reorganización de los sistemas y diversificación de las estructuras, relacionado con las modificaciones a la estructura orgánica de las universidades.

De igual forma desarrolla un conjunto de elementos, que a su modo de entender, se constituyen en desafíos para mejorar la pertinencia:

El papel del gobierno, apropiando los recursos necesarios que le garanticen a la universidad sus posibilidades de cambio y adecuación al mundo de hoy y del mañana, el impacto de la educación superior en el desarrollo, lo que significa la generación de cadenas de innovación, creadas a partir de acciones entre la universidad, el Estado y el sector privado, de tal forma que incida significativamente en el desarrollo; corregir los desequilibrios regionales y rurales/urbanos, a partir de una mayor integración de la universidad con las regiones a través de acciones concretas que potencien el desarrollo de las comunidades; diversificación institucional, romper el círculo de la docencia tradicional creando nuevas formas de circulación, distribución social del conocimiento, interactuando con el contexto como fuentes para la producción y reproducción del conocimiento; identidades culturales y globalización, las tensiones generadas entre la homogeneidad cultural y la heterogeneidad cultural, enfrenta a la educación superior ante la necesidad de apropiar las culturas de su entorno inmediato con las nuevas culturas que se van creando de múltiples procesos culturales.

Nuevos enfoques y temas de la educación superior, los currículos deben ser renovados, abiertos y flexibles, sustentados en nuevas pedagogías y nuevas didácticas, conjugadas con las NTCI, para crear espacios pedagógicos multimediales; desarrollo de los conocimientos mediante la investigación, la investigación exige amplios recursos y las universidades no los tienen, entonces ¿hay que priorizar la formación profesional a partir de la transferencia de la ciencia y la tecnología o restringir la investigación o entregar la universidad al sector productivo para su financiación? He ahí un dilema complicado; responsabilidades con los otros niveles educativos, articulación y construcción de un proyecto educativo común del conjunto del sistema educativo.

El concepto de pertinencia expuesto por la doctora Vessuri, es amplio y orientado en gran medida en función de los problemas generados por la globalización.

La doctora María Victoria Peralta Espinosa desarrolla el concepto de pertinencia cultural en relación con los currículos (Peralta Espinosa, 1996, p. 193). Su propuesta a punta a que ante todo los currículos son procesos de selección y organización, producción, reproducción y distribución de la cultura, entendida ésta como:

     Luis Alberto Malagón P.

Un sistema significativo de creaciones ideacionales y materiales, producido colectivamente y que es seleccionado históricamente por una permanente práctica en respuesta a necesidades de todo tipo. Este sistema es transmitido, utilizado y modificado según factores internos y externos, por lo que se producen variaciones y resignificaciones en el tiempo, adoptando una dimensión dinámica (Peralta Espinosa, 1996, p. 70).

Sugiere que la pertinencia deviene de la articulación entre los mundos culturales de las comunidades educativas y los contextos culturales más amplios: regionales, nacionales, mundiales. Pero igualmente se entiende por pertinencia curricular, la apropiación de las historias individuales que los sujetos ingresan a sus escuelas, y hacen parte de los insumos para el trabajo curricular: deconstrucción y reconstrucción de la cultura. De igual forma que otros autores como García Guadilla, Vessuri, Gibbons y Didriksson, considera la pertinencia como un criterio de calidad. Didriksson, citando un texto de la OCDE, había compartido la idea de que no es posible sino va a acompañada de la calidad (Didriksson, p. 74).

El doctor Víctor Manuel Gómez relaciona la pertinencia con un deber ser (1998, p. 353-359), consideración que ya el profesor Tünnermann había hecho en *Universidad y sociedad*. Algo así como una imagen objetivo, algo deseable. Quizás sea así, pero la pertinencia es una característica dinámica, con expresiones metodológicas y operativas, que definen la naturaleza de una determinada direccionalidad institucional.

El profesor Gómez, articula el concepto de pertinencia a ocho dimensiones o componentes. *Uno*, pertinencia en relación con su evaluación, esto es, abordar el análisis de la pertinencia de las instituciones, de los sistemas, frente a sus proyectos, objetivos, necesidades. *Dos*, pertinencia política, capacidad de presentar alternativas, de construir soluciones, de generar pertinencia social. *Tres*, pertinencia de lo educativo-pedagógico, en relación con las nuevas pedagogías. No es posible construir ningún tipo de pertinencia institucional, sino no existe pertinencia pedagógica: "Una institución que le otorgue una alta prioridad (pertinencia) a esta dimensión de innovación en lo educativo pedagógico, responderá mejor a las necesidades de la juventud y de la sociedad, por lo tanto será más pertinente" (1998, p. 356). *Cuatro*, formación integral del estudiante, en relación con los valores, la ética social, el sentido de pertenencia a una comunidad, con lo humano, más allá del dominio cognoscitivo. *Cinco*, pertinencia de la equidad social del desarrollo. *Seis*, ampliación social de cobertura, democratización de las oportunidades de acceso y logro. Difícilmente se puede pensar en una educación superior pertinente, restringida sólo a elites: "De poco sirve para el desarrollo de las fuerzas productivas (desarrollo económico, científico-tecnológico), pues este requiere una amplia base social, una amplia masa crítica ilustrada que le dé sustento, permanencia y difusión" (1998, p. 357).

El autor, involucra en este componente lo referente a la pertinencia cultural y lo hace en función de tres aspectos: "fortalecimiento de la identidad nacional, rescate y valoración del patrimonio y creatividad cultural y regional, promoción de múltiples formas de expresión/creación artística; oferta cultural libre a diversos grupos socio-demográficos, diversos grupos de edad" (Gómez, 1998, p. 358). *Siete*, pertinencia con el resto del sistema educativo; y, *ocho*, pertinencia con el sector productivo. Esta dimensión de la pertinencia aparece relacionada con las demandas de la economía y en estrecha relación con el desarrollo científico-tecnológico.

Es interesante observar, que esta dimensión de la pertinencia aparece como parte del conjunto y que por ella sola, no sería posible determinar la pertinencia o no de un sistema educativo.

La doctora Judith Sutz, parte de considerar que todo el modelo clásico de la Educación Superior hizo crisis, lo cual se expresa en: la masificación de la Educación Superior que trajo consigo un deterioro significativo de la calidad; la pérdida de autonomía en la fijación de la agenda de la Educación Superior, la sociedad le reclama a la universidad la rendición de cuentas:

Por diferentes razones, según el contexto sea altamente industrializado o el subdesarrollado, el principal ha dejado de delegar en el agente la definición de su propia agenda: ahora los gobiernos quieren tener una verdadera auditoria de los dineros que derivan al sistema de educación superior, definiendo para ello un conjunto de indicadores que tienen que ver con el número de egresados, inserción de los mismos en el mercado laboral, transferencia de resultados a los sectores productivos, capacidad de complementar el aporte público, –en casi todas partes crecientemente por debajo de lo demandado– con acciones de autofinanciamiento. Dicho de otro modo, en los hechos, la pertinencia tácita y autoreferenciada de la educación superior se está renegociando (Sutz, 1997, p. 257 a 278).

Cambios en la perspectiva de los usuarios de conocimiento: los usuarios demandan un tipo de formación centrada en la conjugación simbiótica de la ciencia y la tecnología; el cambio en las formas de crear conocimiento, que ha llevado a las universidades a ser cada vez "más un jugador entre otros; se las juzga por lo tanto no sólo por sus condiciones intrínsecas –modo disciplinarios– sino por su capacidad de interacción y de absorción creativa de demandas: modo de aplicación" (Sutz, 1997, p. 260).

En la relación *pertinencia y contexto*, introduce tres elementos. *Uno, el sector empresarial*, el engrane entre universidad y empresa, va más allá de una asociación positiva entre conocimiento y desempeño empresarial, se necesita de situaciones objetivas: estructuras institucionales adecuadas, políticas públicas que favorezcan la vinculación, y de posiciones subjetivas: cultura empresarial de la universidad, cultura académica de las empresas y confianza recíproca. *Dos, el rol del Estado*, no hay duda que los gobiernos de la región –como parte de una política multinacional– han disminuido significativamente los recursos asignados a las universidades, afectando sus actividades básicas y presionando la venta de servicios y la entrada de las universidades al mercado del conocimiento, con la gravedad de que al considerar el conocimiento una mercancía, los países altamente industrializados y con mayor capacidad de producirlo a más bajo precio, colocan sus productos en el mercado, desplazando los productos de esta región del mundo. *Tres*, el impacto asimétrico de los cambios en los modos de producción del conocimiento, aquí la autora desarrolla las ideas básicas de Gibbons.

Llama la atención que Sutz, sólo incluya tres componentes en el contexto, dejando de lado los factores sociales y los factores del mismo sistema educativo.

Frente a la crisis de la Educación Superior y en particular a sus pertinencias, se proponen un conjunto de soluciones, tanto hacia adentro del sistema de Educación Superior, como hacia fuera. Considera la pertinencia con dos caras: una objetiva, manifestaciones empíricas, y una subjetiva, el consenso *entre todos los actores y participantes del proceso de pertinencia de la Educación Superior, implica un acuerdo, un consenso en la sociedad* (Sutz, 1997, p. 265).

Actividades hacia adentro. La pérdida o baja pertinencia de las instituciones se debe en gran medida a sus estructuras que imposibilitan un mayor flujo de dinámicas entre la universidad y sus entornos. La evaluación institucional en sus diferentes formas: autoevaluación, heteroevaluación y acreditación, permiten monitorear el comportamiento de variables de la pertinencia como: docencia, investigación, vinculación con el medio, transferencia de conocimientos a la producción; y realizar procesos de reingeniería para lograr una mayor dinámica.

En ese mismo orden de ideas, la flexibilidad y la innovación institucional. Cambiar, innovar, construir estructuras abiertas, flexibles.

Hoy por hoy, sin embargo, flexibilizar implica mucho más que volver más plástica la oferta de formación, permitir el máximo aprovechamiento de lo aprendido en una cierta dirección curricular para continuar en otra y crear una institucionalidad que favorezca la interdisciplinariedad y las fertilizaciones recíprocas –todas estas cosas que están lejos de haberse logrado aún a cabalidad–. La flexibilización pasa por cuestiones más de fondo, que hacen a una redefinición de la identidad institucional: por eso además de cambiar, flexibilizando las actividades tradicionales, se trata también de innovar (Sutz, 1997, p. 268).

La búsqueda de *pertinencia institucional* (intervención institucional en la elaboración de diagnósticos y propuestas de solución a problemas de amplia repercusión social), es vista a veces como deterioro del ethos universitario y la misión de conciencia social, pero también se ve, como una forma de mayor interacción universidad-sociedad.

Acciones hacia fuera. La articulación de la universidad con el desarrollo nacional. Las universidades no pueden justificarse históricamente o apelar a las tradiciones para buscar reconocimiento, se debe ante

 Luis Alberto Malagón P.

todo ser actor de primera línea en las decisiones sobre el *desarrollo nacional*. Anticiparse, formular propuestas, participar, proponer e intervenir, constituyen acciones hacia fuera que le dan legitimidad a la universidad.

Finalmente, en relación con la pertinencia, la doctora Sutz considera que, "la pérdida de pertinencia de la educación superior en la percepción social y política es un fenómeno prácticamente mundial, derivado de problemas estructurales y también profundas transformaciones en las modalidades de producción de conocimientos" (1997, p. 274).

En el marco de la pertinencia institucional y curricular, aparece la relación universidad-empresa o VUSP, como un mecanismo a través del cual se estrechan las relaciones entre la educación y la sociedad. Esta relación, si bien, se ha colocado hoy en el centro de las discusiones en torno a las formas cambiantes que está tomando la universidad, a la consolidación del conocimiento como el capital más importante en el mundo de hoy y por supuesto a la globalización, en realidad es un fenómeno ligado a la existencia misma de la universidad y en especial al surgimiento de la universidad en los albores del desarrollo del capitalismo. La apertura de la universidad a nuevas poblaciones y el desarrollo de la industria conllevó a que se dieran experiencias de cooperación entre la universidad y la industria, "la industria química alemana puede considerarse como el propulsor inicial de vinculaciones sostenidas entre el sector productivo y las universidades, relación que se remonta a la década de los setenta del siglo XIX" (Mercado S., 1998, p. 177-203). Efectivamente durante el siglo XIX y más intensamente, en el siglo XX la relación universidad-sector productivo ha estado presente.

Ahora bien, alrededor de esta VUSP se entretejen una multitud de inquietudes e interrogantes que apuntan a temas como: el papel del Estado, la conveniencia de esa relación, el carácter de la vinculación, la supeditación de la universidad a una agenda tecno-económica, la transformación de la universidad como un centro de saberes, con autonomía, capacidad crítica, a una empresa del conocimiento, determinada en sus quehaceres científicos y formativos por intereses privados; pero más importantes que las anteriores inquietudes, está la referente al tema de mi trabajo: ¿La VUSP supone de eso su pedagogización? ¿Se constituye en un dispositivo curricular que permita su integración a los procesos de formación? ¿Impacta favorablemente la calidad académica, o simplemente se trata de una forma de recabar recursos económicos como respuesta a las políticas de restricción presupuestal por parte del Estado? La cuestión no es tan sencilla y en principio es posible hacer la siguiente afirmación: la VUSP no supone la existencia de la pertinencia institucional y mucho menos la pertinencia curricular, en muchos casos se ha tratado sólo de la venta de servicios, de proyectos de cofinanciación para financiar la compra de equipos, pero en ningún momento ha impactado favorablemente la calidad.

Para que lo anterior se diera, quizás fuera necesario que la VUSP hiciera parte de la estructura curricular, del proyecto de formación. Esta preocupación sobre el impacto del VUSP en la academia, lleva a Mercado a afirmar lo siguiente:

El extraordinario desarrollo de la actividad experimental desde mediados del siglo pasado, particularmente en la química y la electricidad, base de conocimiento del complejo tecnológico actual, se verificó sin tener muchas premisas de carácter económico. Por esta razón, preocupa esta tendencia general de supeditar cada vez más la agenda de investigación académica a los intereses fundamentalmente económicos. A nuestro entender, esta visión podría estar limitando severamente el proceso creativo de búsqueda de nuevo conocimiento. La aseveración hecha por Derek Bok en 1990 (según Séller 1991), presidente de la Universidad de Harvard, alerta muy bien con relación a los riesgos que implica esta corriente economicista para las universidades: "[*Sin lugar a dudas, las ventajas financieras para la universidad están más en el campo especulativo que de lo formal, mientras que los daños a la ciencia académica de participar en estas asociaciones son reales y severos*]" (Mercado S., 1998, p. 180).

Efectivamente más allá de estas dudas importantes, la VUSP apoyada en la llamada *triple hélice* (Estado-empresa-universidad) irrumpe con fuerza en el mundo de los nuevos escenarios para la Educación Superior y de alguna manera constituye la estrategia fundamental para el desarrollo de tres acciones prioritarias en el mundo de hoy: la competitividad, la innovación y la transformación de la universidad. Al respecto, Luis Javier Jaramillo, un experto en el tema nos dice:

 Luis Alberto Malagón P.

Lo que varios autores nos vienen señalando es que las estrategias tradicionales de desarrollo económico, bien fuera aquellas basadas en el sector industrial, como ha sido el caso de USA, o en el sector gubernamental, como en la América Latina, se están complementando cuando no remplazando, por estrategias que conjugan recursos en las tres esferas, la gubernamental, la académica y la empresarial. En los niveles nacionales y regionales los gobiernos actúan para estimular nexos entre los actores" (*Hacia un marco de desarrollo de la universidad estatal: visión y acción desde la pertinencia,* 1998. p. 12).

En América Latina la Vinculación Universidad Sector Productivo se ha desarrollado con mayor intensidad en países como Brasil, México, Venezuela y Argentina, pero esta estrategia se ha visto desestimulada como resultado de varios factores: "La no despreciable desestructuración de parte del tejido industrial, en particular la desaparición de empresas nacionales o de su desnacionalización, puede estar disminuyendo sensiblemente los espacios de desarrollo tecnológico y, en consecuencia, limitando las posibilidades de demanda del poco conocimiento tecnológico que se pudiera estar generando en las universidades" (Mercado S, 1998, p. 199).

La literatura sobre el tema muestra diferentes mecanismos a través de los cuales se apoya la VUSP: sobre Sistemas Nacionales para la Explotación de Tecnología Universitaria tenemos: *National Research Development Corporation* –NRDC– de la Gran Bretaña, creada en 1948; *Research Development Corporation of Japan* –JRDC–, creada en 1961; y, *Agence National Pour la Valorisation de la Recherche* –ANVAR–, creada en Francia desde 1968. Sobre programas universitarios de enlace con la industria, sobresalen: oficinas universitarias de transferencia de tecnología (Universidades de Gran Bretaña, Francia, Suecia, USA, Brasil, Argentina y México); empresas universitarias comercializadoras de tecnología, como por ejemplo la Compañía *Yissum Research Development* de la Universidad Hebrea, Vuman Ltda. de la Universidad de Manchester; Corredores de Tecnología (Brokers); Núcleos de Innovación Tecnológica –NIT–; Centros de Innovación –CIN–; Centros para la Innovación Tecnológica –CIT– creados en 1985 por la UNAM, con gran éxito; fundaciones para el desarrollo tecnológico; y, programas de formación de empresarios.

Pero además de estos mecanismos universitarios, se encuentran mecanismos mixtos o híbridos, mecanismos multilaterales de VUSP, como incubadoras de empresas, parques tecnológicos y empresas mixtas para el desarrollo y la transferencia de tecnología. Igualmente, se encuentran algunos programas internacionales sobre VUSP, como son el Programa Bolívar de América Latina, la Red EURAL de la Comunidad Europea; el programa ALFA de la Unión Europea; y, el programa CYTED en el nivel iberoamericano.

En Colombia, el proceso Vinculación Universidad Sector Productivo ha sido muy lento y de bajo perfil, aunque en los últimos cuatro años se ha incrementado la dinámica de VUSP, en especial, a partir de la transformación de COLCIENCIAS (organismo del Estado para el desarrollo de la ciencia y la tecnología), que ha pasado de ser un organismo de apoyo a la investigación en la universidad a una institución para el desarrollo e innovación tecnológicos con programas de apoyo a la relación universidad-industria.

En 1995 se creó un programa para el fomento de la relación universidad y sector productivo, entre el Gobierno Nacional y la Fundación TECNOS, buscando "la apertura de la universidad a los requerimientos de la sociedad" (1997. p. 19). A través de este programa se realizaron múltiples proyectos incentivadores y se generaron mecanismos de vinculación de acuerdo a las condiciones de cada región, e igualmente se analizó el estado de la vinculación universidad-sector productivo con base en trabajos realizados en las siete regiones del país (Antioquia, Bogotá, Valle del Cauca, Costa Atlántica, Eje Cafetero, Tolima y Huila, y Santanderes), con resultados no muy halagadores pero sí prometedores.

En el informe presentado en 1995 (*La vinculación Universidad - Sector Productivo. Nuevos escenarios y oportunidades de desarrollo científico y tecnológico, 1995. p. 138*) se encontró que más o menos un 15% de las universidades tenían proyectos de cooperación con el sector productivo, pero que igualmente muchas de las universidades carecen de estructuras y legislación adecuadas, para impulsar la vinculación con el sector productivo. En realidad, todavía el sector productivo no tiene la confianza necesaria en el sector académico y este no ve con claridad las ventajas de esa vinculación y la universidad con su estructura orgánica actual es un obstáculo para impulsar esa dinámica.

Muchas cosas deben aclararse y se precisa que la triple hélice funcione, en particular en América Latina y en Colombia. El Estado debe no sólo proveer recursos, generar escenarios de confianza, sino redefinir su política de ciencia y tecnología en función de VUSP, para enviar un mensaje en relación con una política estratégica de ciencia e innovaciones tecnológicas consistentes con los discursos sobre la competitividad como dispositivo para afrontar la globalización económica.

Lo prometedor está en que existen en el país normatividades, instituciones: COLCIENCIAS, Centros de Desarrollo Tecnológico de carácter sectorial (CDT), 34 en 1998, e iniciativas por parte de al menos unas 20 o 30 universidades e instituciones de Educación Superior.

Lo que sí es claro es que la vinculación universidad y sector productivo no agota el contenido de la pertinencia, tanto en lo institucional como en lo curricular. Pero además que esta forma de vinculación como uno de los soportes para el desarrollo curricular no preocupa, no está en la agenda de las discusiones en la triple hélice y, si ello no es así, su impacto podría reducirse considerablemente y tener consecuencias graves en el futuro de la universidad, como institución de enseñanza superior.

Hasta aquí se ha avanzado en una revisión de la literatura sobre la pertinencia en el contexto de la sociedad del conocimiento y tal como lo afirma Tünnermann: "El tema de la pertinencia se ha constituido en uno de los temas dominantes en el actual debate internacional sobre educación superior" (Tünnermann Berheim, 2001). En esa revisión hemos visto como se utilizan términos como pertinencia institucional, pertinencia social, pertinencia económica, pertinencia pedagógica, pertinencia interna y pertinencia externa y, autoras como la doctora García Guadilla la relacionan con doce componentes de la Educación Superior (García Guadilla, 1997 p. 47-80). De igual forma, la pertinencia es considerada como un aspecto determinante en la calidad: "Ese tejido de relaciones y su correspondiente campo de pertinencia garantizan que el criterio de calidad utilizado sea *endógeno* a esa sociedad, en la medida que refleja las prioridades por ella sancionadas, aún de forma difusa e inconsciente" (García Guadilla, 1997 p. 76).

El concepto de pertinencia se encuentra relacionado con un conjunto de elementos y situaciones como: el proyecto institucional, el modelo pedagógico; el conjunto del sistema educativo; el mundo del capital y el trabajo; los sectores marginados o postergados y sus necesidades sociales; la cultura local, regional, nacional; la ciencia y la tecnología; los sistemas de valores; la investigación; y, por supuesto, los planes de desarrollo nacionales y las políticas internacionales. Algunos de ellos, por ejemplo el PEI, son de carácter interno y los demás, exógenos, se desprenden de la manera como se establezca la relación con el entorno. Esto nos permite una primera conclusión muy clara: la Vinculación Universidad Sector Productivo es apenas uno de los componentes de la pertinencia, e incluso, si la universidad sólo se dedicara a una política de relación con las empresas, muy seguramente se desviaría de sus objetivos históricos y de los políticos también.

Un *segundo* aspecto se refiere a los conceptos de pertinencia institucional y pertinencia curricular, la primera referido a las acciones de vinculación de la universidad con el contexto que no necesariamente afectan el currículo, por ejemplo, las acciones de extensión en el paradigma de la universidad tradicional (docencia, investigación y extensión); y, la segunda, orientada a las acciones que tienen su expresión en la estructura y desarrollo del currículo.

En ese sentido entonces es posible afirmar que puede darse la pertinencia de la universidad, sin afectar los proyectos de formación: venta de servicios a través de unidades administrativas que no necesariamente tienen relaciones con las unidades académicas. En el texto *Universidad Sector Productivo* (1997, p. 230) es posible encontrar siete tipos de mecanismos sobre la vinculación universidad y sector productivo: mecanismos universitarios; mecanismos empresariales y privados; mecanismos mixtos; mecanismos multilaterales; centros de desarrollo tecnológico y empresarial que desarrollan actividades con universidades; centros de educación para el trabajo con tradición de cooperación universitaria en servicios de empresas y asociaciones de egresados activas en vinculación y más de 50 formas de organización de esa vinculación y muchas de ellas son quizás organismos para-uni-

 Luis Alberto Malagón P.

versitarios o para-académicos que no se retroalimentan con el sector académico y curricular, sino que son formas de recabar recursos y de proyectar la imagen de la universidad. Incluso en algunos casos y para proyectos específicos la universidad, a través de esos mecanismos contrata servicios para desarrollar los proyectos.

Un *tercer* aspecto se refiere al discurso en el concepto. Una de las conclusiones de la revisión de documentos en el segundo aparte del presente trabajo, nos permite deducir que podría hablarse de un concepto restringido, de un concepto ampliado y de un concepto integral de pertinencia. De alguna forma Tünnermann lo plantea cuando afirma:

Y es que cuando se aborda el tema de la pertinencia o relevancia de la educación superior, existe a veces la tendencia a [*reducir*] el concepto a la respuesta que ésta debe dar a las demandas de la economía o del sector laboral o profesional. Sin duda, la educación superior debe atender estas demandas, pero su pertinencia trasciende esas demandas y debe analizarse desde una perspectiva más [*amplia*] que tenga en cuenta los desafíos, los retos y las demandas que al sistema de educación superior, y a cada una de las instituciones que lo integran, impone la sociedad en su conjunto (Tünnermann Berheim, 2001, p. 241).

La doctora Carmen García Guadilla, lo reafirma así:

Sin embargo, creemos que la función social de la universidad no se cumple plenamente, ni a través de la "extensión" [*ni a través de relaciones más estrechas con el sector productivo*]. En el primer caso, porque la idea de extensión tal y como se ha entendido en el modelo anterior, significa algo que se añade pero que no es substancial de la universidad. En el segundo caso, porque las relaciones universidad sociedad en nuestros países deben ir más allá de las relaciones universidad-sector productivo. Consideramos, pues, que la función social de la universidad, dentro del contexto de un escenario socialmente sustentable, no debe ser de añadidura, sino que debe constituirse en su razón de ser; a la vez extender los servicios esenciales que ella genera –producción de conocimientos y formación de profesionales– a todos los sectores sociales, incluidos los más postergados (1997 p. 69).

Un *cuarto* aspecto, ligado al anterior, se refiere a cómo entendemos la pertinencia en relación con los procesos de producción y reproducción del conocimiento y en general de la vida social. Para algunos autores e instituciones (UNESCO, Gibbons, Vessuri, Sutz) la pertinencia significa ante todo la *adecuación* de la universidad al modelo tecno-económico dominante, con una priorización de los componentes económicos y culturales en relación con aquellos sectores capaces de adquirir pertinencia. El mundo cambia, la sociedad se moderniza y por lo tanto si la universidad quiere tener calidad, debe ser pertinente y para ello debe adaptarse a los requerimientos del medio contextual. Pero, además, la enseñanza superior es muy costosa y de poco impacto, por lo tanto el Estado debe privilegiar la enseñanza básica y debe transferir recursos de la Educación Superior a los otros niveles. Un punto más, la demanda de educación crece y los presupuestos se restringen, ¿cómo hacer para atender esas necesidades?, diversificación de la financiación, y ¿cómo se resuelve eso?, la universidad debe transformarse en una empresa del conocimiento y vender a quien pueda comprarle. La modernización se entiende como adaptación y adecuación a las dinámicas del modelo tecno-económico dominante.

En esas condiciones la universidad se moderniza. Mayor densidad tecnológica, unidades de cofinanciación con el sector privado y el Estado, venta de servicios, aumento de la productividad, reducción de personal y en fin todas las medidas que caracterizan los ajustes estructurales que se le hacen al Estado. Sólo que con esos ajustes, la universidad, ya no será la conciencia crítica, ni la conciencia social, sino que además, sus objetivos sólo serán modificados en la forma, seguirá siendo elitista y con el peligro de convertirse –en lo que quizás hoy ya sea– un apéndice del sector productivo para los procesos de innovación tecnológica.

Pero si bien, esta es la tendencia emergente –la dominante sería la tendencia tradicional–existe una contratendencia, que si bien está de acuerdo con la necesidad de transformar la universidad, insertándola en el mundo de hoy, considera que su función social no se agota en la adecuación y adaptación, sino que debe ir más allá: no solamente en términos sociales desbordar los sectores formales de la economía, sino en términos políticos construir alternativas que involucren el conjunto de la sociedad.

En ese orden de ideas, encontramos una pertinencia que apunta a la reproducción y legitimación de la vida social (incluido el conocimiento) y otra u otras pertinencias que apuntan a la producción, recreación, y emancipación de la vida social. Por eso quizás la pertinencia restringida, estaría referida a la adecuación; la pertinencia ampliada a involucrar no solamente lo económico sino lo social y lo cultural; y, la pertinencia integral, en la cual se conjugan los aspectos anteriores y además la crítica permanente como discurso constructor de alternativas de pensamiento nuevas, tal como Kant lo formuló.

La pertinencia social de la universidad significa que debe estar en condiciones de responder a la sociedad, de dar cuenta de sus acciones y de los productos que genera y esto le permite relacionarse con la sociedad y salir de su aislamiento, colocándose en un espacio de mucha tensión (autonomía y heteronomía) que amenaza su integridad como institución de enseñanza superior. Francisco Naishtat alude a esta discusión y formula una reflexión que posibilita una alternativa para concretar una pertinencia social integral de la universidad:

En efecto, los parámetros de pertinencia no proceden de juicios asépticos y neutros, sino que se ubican de entrada en la esfera de la filosofía política, como decisiones que en su naturaleza son diferentes de algoritmos y deducciones científicas. La pertinencia, en este sentido, pertenece a la política, y como tal sólo es dirimible en el terreno de la política. Si tenemos presente la diferencia de naturaleza trazada por Kant entre el juicio reflexionante inherente a la vida práctica y los juicios determinantes de la teoría, podemos comprender que en juicio de pertinencia hay un basamento de valores y orientaciones normativas que deben ser tomadas en cuenta en relación con las decisiones de pertinencia relevantes para la vida universitaria. [En este sentido, la tensión de la pertinencia, como fuente de responsabilidad social y como fuente posible de heteronomía puede resolverse si se asume su trasfondo político propio. Asumirlo significa que la universidad no debe responder acríticamente ante parámetros de pertinencia fijados como axiomas sistémicos, sino que debe asumir la discusión política de dichos parámetros a partir del fondo racional mismo que define a la universidad moderna como institución crítica]. Su responsabilidad social por ende, no consiste simplemente en el responder sobre, sino también en el debate que la universidad es susceptible de generar sobre el marco filosófico-político que condiciona la negociación con el Estado sobre la pertinencia de lo que la universidad produzca. Sólo de este modo la pertinencia puede transformarse y convertirse en una oportunidad para la universidad, en la que su responsabilidad social pueda aunarse con su autonomía política (Naishtat, 1998).

Universidad moderna como institución crítica, nos dice el profesor Naishat, y esa es la visión de la universidad capaz de responder a los retos de la sociedad del conocimiento, a la globalización y al conjunto de nuevos desafíos que trae el presente siglo.

Le apostamos al concepto de pertinencia integral por cuanto en ella caben tanto los diferentes espacios: interna y externa, como las diferentes denominaciones de acuerdo a la naturaleza del objeto vinculante: social, cultural, económica, pedagógica, epistemológica, conceptual y teleológica, e investigativa entre otras. Por ello, al examinar la pertinencia de la institución se precisa de mirar no solamente cuántos proyectos y acciones de VUSP se han realizado, sino también cuántos proyectos sociales, culturales y políticos se han ejecutado y, más importante todavía, si las acciones de vinculación universidad-sociedad se encuentran a la base de los proyectos curriculares y se da una retroalimentación permanente entre el currículo y las acciones de esa vinculación.

No hay duda que los nuevos escenarios de la Educación Superior presionan un cambio a fondo de las estructuras de la universidad, de su misión, su visión y de la cultura institucional dominante, no solamente para que la universidad se adapte, se adecúe, sino para que pueda ser una institución moderna y crítica, capaz de incidir, participar, acompañar y liderar los cambios del entorno.

Dinámicas de pertinencia curricular

Se entiende por *dinámicas de pertinencia*, los procesos, mecanismos y dispositivos que se han construido alrededor y dentro del currículo para fortalecer su vinculación con el entorno. En este aparte se consideran también las dinámicas relacionadas con lo que se ha denominado *pertinencia institucional*: procesos de vinculación con el entorno que no necesariamente involucran al currículo de los programas, sino

CATEGORÍA O DINÁMICA	DEFINICIÓN	INDICADORES
1. Disposición potencial del currículo	Capacidad del currículo para interactuar con el entorno a partir de las estructuras organizacionales y sus procesos modificadores.	Autoevaluación y acreditación Flexibilización Preparación para el desempeño profesional Visión y misión Estructura organizativa
2. Pedagogización (praxis) del contexto	Proceso a través del cual los saberes involucrados en las diferentes experiencias de interacción con el entorno, se apropian como saberes académicos y se integran al currículo.	Transferencia de saberes a la academia Sistematización de experiencias con el entorno Visión académica o pedagógica a las actividades de extensión, prácticas e investigación
3. Gestión curricular	Acciones organizacionales en relación con el currículo para favorecer los cambios y el desarrollo curricular.	Estructuras de gestión curricular Formas organizativas de participación curricular Actividades de desarrollo curricular
4. Prácticas	Actividades curriculares que acercan el proyecto curricular con el entorno y que buscan la praxis de los saberes y la proyección institucional.	Prácticas exploratorias, ambientadoras, profesionales, integrales Actividades complementarias Actividades permanentes
5. Investigación	Iniciativas institucionales o grupales tendientes a fortalecer el espíritu investigador y la producción y reproducción de los saberes.	Programa de jóvenes talentos Pioneros en investigación Coinvestigación Proyectos de investigación institucionales
6. Extensión	Actividades institucionales en relación con el entorno tendientes a posicionar el programa.	Asesorías, consultorías, interventorías Proyectos de desarrollo comunitario Transferencia de saberes

Tabla 1. Categorías e indicadores de pertinencia curricular en el caso

que se desarrollan a partir de unidades orgánicas especializadas diseñadas por la Universidad para tal fin (centros tecnológicos, fundaciones para la cooperación, institutos de desarrollo y demás organismos de esa naturaleza).

Disposición potencial del currículo. Podemos establecer que unas formas y estructuras curriculares favorecen el diálogo y la interrelación con el entorno y otras no. Las diferentes perspectivas curriculares (disciplinar, resolución de problemas, modular, entre otras) marcan diferencias en relación con las posibilidades de articulación con el entorno.

Prácticas académicas. Este dispositivo curricular es utilizado de diferentes formas en los programas, ya sea como prácticas de laboratorio, prácticas durante el transcurso de la carrera, hasta prácticas al final de la carrera y de tiempo completo o con una dedicación mayor.

Pedagogización (praxis) del contexto. Uno de los procesos más importantes de la interacción con el entorno tiene que ver con la manera como las problemáticas del contexto, las necesidades e intereses de la comunidad son convertidos en proyectos y apropiados por la academia para su análisis y desarrollo en la práctica escolar, manteniendo la relación con las comunidades y haciéndolas partícipes de las soluciones:

La investigación: dispositivo transversal. La investigación siempre ha aparecido como una de las funciones de la universidad desde sus inicios e incluso ha sido un criterio para diferenciar las universidades: profesionalizantes o de investigación, e incluso se ha llegado a afirmar que la investigación es una práctica inherente a la universidad. Una de las diferencias que establece Gibbons entre el modo 1 y el modo 2 es precisamente lo referente a la investigación. Esto es, en el modo uno y con base en una estructura curricular disciplinar, la investigación tiene un carácter meramente académico y apunta al crecimiento de las disciplinas exclusivamente, es lo que podría denominarse una investigación endógena que no afecta –por lo menos en lo inmediato– el contexto, e incluso los objetos de investigaciones son de carácter académico y se estudian a partir de sus propias limitaciones y no en su relación con el entorno o contextos de aplicación de que habla Gibbons (1998). Por

 Luis Alberto Malagón P.

el contrario, en el modo 2, la investigación se convierte en un instrumento de pertinencia y se desarrolla en la relación del currículo con el contexto.

Dispositivos de gestión curricular. Se refiere a mecanismos que se construyen de manera temporal o permanente dentro del currículo con la participación de los sujetos curriculares: profesores, directivas, estudiantes, egresados y en algunos casos, sujetos de los sectores de intervención.

Dispositivos de extensión. Realmente todas las universidades tienen estructuras orgánicas para la función de extensión, ya sean vicerrectorías, direcciones, departamentos o cualquier otra forma organizativa, pero en general como un organismo que atiende al conjunto de la universidad. Ojo!!! ción, la Ciencia y la Cultura.

EDUCACIÓN, PEDAGOGÍA Y CURRÍCULO

Nacemos humanos pero eso no basta: tenemos también que llegar a serlo. Los demás seres vivos nacen ya siendo lo que definitivamente son, mientras que de los humanos lo más que parece prudente decir es que nacemos para la Humanidad.

Fernando Savater

Es preciso reconocer que la discusión pedagógica y curricular en la Educación Superior es nueva en el sentido que tiene ahora. Desde la reforma de Córdoba en 1918 la discusión en torno a la universidad se centró en términos de la autonomía, el gobierno, la gratuitidad, las reinvindicaciones de estudiantes, profesores y trabajadores e incluso sobre las instalaciones, pero no sobre los métodos, los contenidos, la evaluación. Claro esto no significa que al interior de la universidad no se trataran los asuntos de la formación, de la organización académica de las carreras, los departamentos, las escuelas y en fin toda la parafernalia organizacional; sólo que, se retomaba como organizacional.

Sin duda, la acreditación representa un paso significativo en lo que se ha dado en llamar *la pedagogización de la universidad*;

claro, no es único factor, pero sí el más importante. Llama profundamente la atención, que la discusión pedagógica ya no es un tema exclusivo de las carreras de educación. Pero quizás, lo más significativo de todo esto, es la comprensión que se ha dado acerca del papel de la pedagogía y el currículo en la determinación de la excelencia académica. El paso de la empiria académica (el dominio de la disciplina es suficiente para garantizar la calidad) a la praxis pedagógica (pedagogización del conocimiento), ha significado una verdadera revolución pedagógica de las universidades.

Hoy ya es posible realizar congresos universitarios de pedagogía y currículo, algo que hace unas décadas era una utopía e incluso, hoy se habla de *pedagogía universitaria y curriculum universitario* y constituyen objetos de discusión e investigación, y ya es posible encontrar artículos en la literatura académica nacional e internacional sobre estas temáticas.

Educación y pedagogía

Se trata de abordar la reflexión sobre la educación desde dos dimensiones: la pedagógica y la social. Aunque las dos se encuentran íntimamente relacionadas, ya que la pedagogía ha sido considerada por Durkheim (1978) como teorías, como maneras de concebir la educación, no maneras de practicarla. La educación en todas las dimensiones ha sido considerada como un proceso de formación, de humanización y en ese sentido desde que el hombre existe, la necesidad de formarse, de educarse, está íntimamente ligada a su condición humana. El crecimiento como individuo, como ser social, está vertebrado en la educación. La dimensión antropológica de la educación muestra como en todas las fases del desarrollo social del hombre, así como en todas las fases de su desarrollo natural, la educación va perfeccionando el *ser humano*, el hombre adquiere su condición de ser humano en tanto es un ser educable, perfectible. Al respecto es pertinente una cita de María Eugenia Dengo (2000):

Conviene iniciar nuestro análisis reflexionando desde nuestra propia experiencia sobre la educación y, para ello, hacernos una pregunta como la siguiente: ¿a quién se dirige la educación, quién es su destinatario? Por el conocimiento que todos tenemos de la práctica educativa, porque en un sentido o en otro la hemos vivido (tanto la institucional como la extrainstitucional), sabemos que la *educación* se dirige a los niños, a los adolescentes, a los jóvenes y a los adultos, de acuerdo con sus respectivas necesidades y edades; es decir, se dirige a todo tipo de personas que integran una colectividad, en cualquier período de la vida en que ellas se encuentren.

Las acciones educativas son *permanentes* y *continuas*: en el caso de la educación formal, dependen de las oportunidades que existan para recibirlas; en cuanto a la no formal, todas las situaciones vitales son propicias para la construcción humana. Por ello, para abordar la conceptuación, hemos de partir de la premisa de que la educación es formación permanente del hombre, en sentido individual y en sentido colectivo, y su acción formativa se dirige a toda la sociedad de un país.

La educación es un proceso consciente y no consciente, se da con la interacción del hombre con el hombre, con la naturaleza y con su entorno. En ese sentido es comprensible que pueda ser pensado, intencional o no lo sea. Cuando existe una intencionalidad, cuando se piensa, cuando se construyen ideas, concepciones, estructuras, comienzan a aparecer los signos de una teoría, una disciplina. Rafael Flórez (1996), establece cinco criterios de elegibilidad, que permiten distinguir una teoría propiamente pedagógica de una que no lo es:

- Definir el concepto de hombre que se quiere formar, o *meta* esencial de formación humana.
- Caracterizar el *proceso* de formación del hombre, de humanización de los jóvenes, en el desarrollo de aquellas dimensiones constitutivas de la formación, en su dinámica y secuencia.
- Describir el tipo de *experiencias* educativas que se privilegian para afianzar e impulsar el proceso de desarrollo.
- Descripción de las regulaciones que permiten enmarcar y cualificar las interacciones entre el educando y el educador en la perspectiva del logro de las metas de formación.
- Descripción y prescripción de métodos y técnicas diseñables y utilizables en la práctica educativa como modelos de acción eficaces.

Ahora bien, la educación no es solamente objeto de estudio de la pedagogía –aunque se considera a la pedagogía como la disciplina de la educación–, la psicología, la filosofía, la sociología, la economía, la antropología y la política, son disciplinas que se ocupan de la educación, son dimensiones del fenómeno educativo. Pero la pedagogía aparece como la ciencia propia de la educación. Aunque conviene aclarar como se ha anotado anteriormente, que no toda la comunidad educativa acepta que la pedagogía sea la ciencia de la educación, por el contrario, los anglosajones y los franceses, utilizan los términos de teoría y teorías de la educación, cuando se refieren a las intencionalidades pensadas sobre la educación.

En el proceso de humanización del hombre se entrecruzan e interactúan los procesos naturales y los procesos sociales, haciendo de la humanización un proceso de crecimiento individual y social. María Eugenia Dengo (2000), establece una serie de principios y características para definir al sujeto de la educación: un *ser unitario* en tanto unidad "biosicoespiritual y social" que lo hace diferente de los otros seres vivos; un *ser social, creador de cultura*, en tanto su proceso humanista es un proceso de apropiación y creación de cultura; un *ser dialógico*, en tanto, "en la interacción con el 'otro' (que representa a 'todos los otros' seres humanos) y con 'lo otro' (el mundo objetivo) se construye y se reafirma la propia percepción del 'yo' de cada individuo: lo que algunos filósofos llaman 'yoidad'.

El diálogo es la base de la solución de los conflictos humanos, es la posibilidad del entendimiento y comprensión, el vehículo de la relación afectiva entre padres e hijos y entre los sexos; un *ser simbolizador*, creador de imágenes, de sentidos, de formas culturales como abstracciones y como formas de comunicación no tradicionales; un *ser libre*, la *libertad* es la condición y la posibilidad más legítima del hombre; un *ser educable*, existe en el hombre una cualidad, específica de su naturaleza, que lo hace dúctil a las influencias formativas, capaz de adquirir conocimientos y habilidades para adaptarse a diferentes condiciones ambientales o relativas a su propia existencia y para modificar sus comportamientos; en suma, una cualidad que lo hace ser *sujeto de aprendizaje*. Es lo que llamamos *educabilidad*; un *ser temporal*, en tanto se afirma como un ser histórico, ubicado en un contexto determinado y que escribe historia con su propia existencia.

No existe en el lenguaje de todos los idiomas una palabra que tenga un significado tan amplio y una carga tan grande de responsabilidades como es la educación, incluso se le han asignado poderes especiales como su capacidad para transformar el mundo, superar las desigualdades sociales, hacer los hombres y en resolver los males del mundo. Delors nos dice que "la educación constituye un instrumento para que la humanidad pueda progresar hacia los ideales de paz, libertad y justicia social" (Delors, 1996, p. 13).

La educación aparece siempre en el pensamiento de todos los tiempos y de todas las filosofías como tarea central en todas las sociedades hasta ahora. El sentido más general y más amplio de la educación se refiere a que:

La educación es pues un fenómeno que puede asumir las formas y las modalidades más diversas, según sean los diversos grupos humanos y su correspondiente grado de desarrollo; pero en esencia es siempre la misma cosa, esto es, *la transmisión de la cultura del grupo de una generación a la otra*, merced a lo cual las nuevas generaciones adquieren la habilidad necesaria para manejar las técnicas que condicionan la supervivencia del grupo (Abbagnano, & Visalberghi, A., 1980. p. 11-12).

La educación, entonces, se encuentra estrechamente ligada a la cultura y casi podría decirse que los autores mencionados le dan el papel de vehículo cultural. Independientemente del enfoque filosófico, epistemológico, sociológico, ideológico o cualquier otro, la cultura y la educación son dos procesos indisolubles, históricamente articulados y condicionados. La naturaleza de la cultura afecta la educación, pero de igual manera la naturaleza de la educación afecta la cultura. Quizás el término *educación cultural* se acomode mejor a las consideraciones de Abbagnano y Visalberghi.

En todos los estadios de desarrollo de la humanidad la educación ha estado presente como discurso y como acción y ha respondido (Anibal Ponce) a los intereses sociales y políticos de los grupos dominantes y/o a los intereses de las diferentes culturas.

 Luis Alberto Malagón P.

Autores como Suchodolski (1979, p. 11-12) ven la educación como condición de civilización, como soporte para el perfeccionamiento y avance de las civilizaciones y por ello establece que la diferencia entre las sociedades modernas y las primitivas radicaba en la complejidad de sus organizaciones y en la mayor cantidad de personas instruidas: "El análisis del carácter de la civilización moderna nos lleva así a la conclusión de que el preparar a los hombres para un nivel de vida y de trabajo acorde con el nivel de aquella, constituye la misión principal de la actividad educacional en tanto que condición más trascendental para la pervivencia y el constante progreso de la civilización" (Suchodolski, 1979, p. 16).

De estas afirmaciones surge una primera inquietud en relación con el conflicto entre la civilización y el hombre mediado por la educación y a su vez en las sociedades modernas entre educación, sociedad y naturaleza. Las tensiones entre el hombre y las civilizaciones (sociedad y naturaleza) enfrentan lo que posteriormente definiremos como el ideal de la educación tradicional: "la educación como una tarea encaminada a modelar al individuo a la medida de la civilización..." (Suchodolski, 1979, p. 18). Este será siempre un problema fundamental de la educación, de la filosofía, de la pedagogía y del *curriculum*. Suchodolski lo plantea así: "...una de las cuestiones más arduas relativas al hombre y a la civilización creada por él, es el problema de lo real y lo ilusorio, de la necesidad y la libertad, el problema del dominio de la realidad o de la subordinación a la misma, el problema de la alienación" (1980, p. 18).

De alguna forma, esta tensión está a la base de las diferentes filosofías de la educación y de los grandes sistemas filosóficos. Si definiéramos el currículo como una propuesta concreta de formación, esta tensión marcaría buena parte de las definiciones teóricas, metodológicas y operativas.

En otro sentido, la educación está ligada estrechamente al concepto de humanización; de hecho Kant, citado por Sarramona, dice al respecto: "El hombre es el único ser susceptible de educación [...] El hombre no puede hacerse hombre más que por la educación. No es más que lo que ella hace de él. Y observaremos que no puede recibir esa educación más que de otros hombres que a su vez la hayan recibido" (2000,

p. 13). Para los marxistas, lo humano no es simplemente una condición natural, sino también social. La diferencia entre los seres humanos y los animales está definida por el trabajo y por la educación. En ese sentido, la humanización es un proceso de construcción del hombre (y mujer) y ello es posible a través de la educación y el trabajo. Savater, en un artículo aparecido en el libro *Educación la agenda del siglo XXI, Hacia un desarrollo humano* nos ilustra al respecto:

Nacemos humanos pero eso no basta: tenemos también que llegar a serlo. Los demás seres vivos nacen ya siendo lo que definitivamente son, mientras que de los humanos lo más que parece prudente decir es que nacemos *para* la humanidad. Hay que nacer para humano, pero solo llegamos plenamente a serlo cuando los demás nos *contagian* su humanidad, a propósito y con nuestra complicidad. La posibilidad de ser humano sólo se realiza efectivamente por medio de los demás, de los semejantes, es decir, de aquellos a los que el niño hará todo lo posible por parecerse. Los adultos humanos reclaman la atención de sus crías y *escenifican* ante ellos las maneras de la humanidad, para que las aprendan (Savater, 1998, p. 13).

Los diferentes autores periodizan el desarrollo de la educación bajo diferentes criterios y de varias formas. Anibal Ponce como es de conocimiento generalizado refirió la historia de la educación a la historia social de la humanidad utilizando los estadios o etapas de desarrollo de acuerdo al enfoque marxista, resaltando que la educación en cada una de ellas se estructuraba de acuerdo a los intereses de las clases y grupos dominantes, con excepción de la etapa primitiva en donde no existían las clases y la educación no era un proyecto intencional sino espontáneo. Abbagnano y Visalberghi en su conocida *Historia de la Pedagogía*, aborda el devenir de la educación periodizándola por épocas: Antigüedad, Edad Media, Renacimiento e Ilustración y Contemporánea, su relato es más de carácter filosófico y cultural –aunque predomina el primero– que social y, lo expresan de la siguiente forma:

En este sentido, los problemas de la pedagogía son aún hoy sustancialmente los mismos que se ofrecieron a la reflexión consciente mucho antes que las disciplinas y técnicas precitadas se constituyeran y consiguieran una cierta autonomía. Ésta es la razón por la que se estudia *la historia de la filosofía y la pedagogía*: no se trata de una pura curiosidad arqueológica sino de una necesaria iluminación de los problemas actuales mediante el estudio de sus orígenes y de las soluciones ensayadas en el curso de los siglos (Abbagnano, 1980, p. 16).

Jesús Palacios en su también conocido texto *La cuestión escolar*, organiza un análisis de la escuela a partir de su crítica por parte de un grupo de autores a los cuales agrupa en cuatro grandes bloques: la tradición renovadora (Rousseau, Ferriére, Piaget, Freinet y Wallon); la crítica antiautoritaria (Ferre, Nelly, Roger, Lobrot, Oury y Vásquez, Freud y Mendel); la perspectiva sociopolítica del marxismo (Marx y Engels, Lenin, Makarenko, Blonskij, Gramsci, Althusser, Bordieu y Passeron, Baudelet y Establet y Suchodolski); y, América Latina (Freire, Illich y Reimer). Aunque no organiza un bloque como los cuatro anteriores, se refiere a la *escuela tradicional*, como a la escuela asentada en el método y el orden en donde el maestro es el centro de la educación y alrededor de él se organizan las tareas y las responsabilidades de los estudiantes. Al respecto nos dice:

La escuela se constituye así en un mundo aparte, al margen de la vida diaria, en un recinto reservado y preservado del mundo exterior […].

A él [maestro] le corresponde guiar y dirigir la vida de los alumnos, llevarlos por el camino trazado por él. El maestro es el modelo y el guía: a él se le debe imitar y obedecer; tal y como Comenio lo recomienda explícitamente, los niños deben acostumbrarse a hacer más la voluntad de otras personas que la suya propia, a obedecer con prontitud a sus superiores; deben acostumbrarse, en definitiva, a someterse por entero a su maestro (Palacios González, 1980, p. 19).

La *tradición renovadora* involucra a todos aquellos pensadores que se preocuparon por reformar la escuela, pasar del magistrocentrismo al puericentrismo. Su reforma y transformación de la educación, tenía un sentido menos social y más pedagógico, más centrado en lo metodológico: métodos activos en vez de pasivos, tomar como base los intereses del niño en vez de los del maestro, organizar los contenidos y la misma escuela en función de esos intereses. De alguna manera podría decirse que se trataba de una revolución en la educación y de un cambio de paradigma: el niño como centro de la educación y la escuela.

El segundo bloque la *crítica antiautoritaria*. El centro y eje de toda su reflexión es *la libertad del niño*, la educación debe basarse en la libertad como condición para un desarrollo pleno, integral y sin barreras. Toda decisión directivista y autoritaria que coarte la *evolución natural del niño* se constituye en un obstáculo para su realización.

El tercer grupo, la *perspectiva sociopolítica del marxismo*, se agrupa en torno a un pensamiento social, filosófico y político definido, su preocupación no son los métodos de enseñanza o las técnicas didácticas, sus prioridades apuntan a develar la relación entre la educación y la sociedad, la naturaleza de esa relación, el papel de la escuela en relación con los intereses sociales y la búsqueda de una sociedad en donde la escuela y la educación sean diferentes. Es un enfoque eminentemente social y crítico.

El cuarto bloque, *América Latina*, tiene una significación más geográfica, sus posturas podrían acercarse de algún modo al tercer grupo, pero con la diferencia de que hicieron propuestas para transformar la educación en el contexto histórico. Criticaron la escuela y la educación y formularon alternativas y algunos las llevaron a cabo como el caso de Freire.

Como puede observarse la propuesta de Palacios es definitivamente en torno a la crítica de la educación y la escuela; diría que divide la historia de la educación en dos grandes momentos: el primero hasta la Revolución Francesa y el segundo a partir de allí, la escuela y la educación tradicional, la escuela y la educación renovada. La Revolución Francesa sigue siendo el punto de referencia para dividir la historia entre el pasado y lo contemporáneo, ¿hasta cuando será así?

Rafael Flórez Ochoa al referirse al desarrollo histórico de la educación habla de tres grandes épocas. La primera denominada *educación transmisionista para el trabajo colectivo*. Corresponde a las primeras fases del desarrollo humano en la cual las "manadas de antropoides" (1994, p. 155) pasan de una práctica imitativa a mecanismos de memoria que les permitan crear recipientes cognoscitivos para guardar sus aprendizaje y transmitirlos a través de memorias colectivas. Así lo resume Flórez,

Por boca de los antropólogos, sabemos que el desarrollo biológico basado en la 'selección natural' y en la memoria genética prácticamente se suspende en la antropogénesis, y se abre paso un proceso de desarrollo distinto, el de la evolución social.

[...]

La memoria a través de los genes se torna insuficiente, y surge un procedimiento nuevo de memoria social capaz de producir programas superiores de procesamiento inteligente (Flórez Ochoa, 1994, p. 155).

La segunda, *educación transmisionista, idealista y aristocrática* (contra el trabajo productivo). El fin de esta educación era la formación del carácter, basada en la religión y la moral, pero también fue necesaria una formación de habilidades en especial de los funcionarios que las organizaciones sociales necesitaban. El *trivium* y el *quadrium* constituían el currículum necesario para vehiculizar esa formación. De alguna forma como el mismo autor lo plantea, es un tipo de educación que se aviene bien con el desarrollo social de la producción y las formas políticas de su encuadre. Ya en los albores del advenimiento de las sociedades industriales, estas formas de educación entran en crisis y aparecen alternativas nuevas, como bien Palacios lo anota en su tradición renovadora. Flórez resume así la función de la educación en esta segunda época: "Con la división social entre trabajadores y castas 'nobles' hubo un flujo de saberes desinteresados de la producción material, pero que ayudaban a mantener unida la conciencia social" (Flórez Ochoa, 1994, p. 157).

La tercera época, *educación para la vida y la producción social*, surge a partir de la revolución económica y la revolución política. La modernidad, la modernización y el modernismo, esos tres pilares de la sociedad capitalista, revolucionan la vida cotidiana y abren espacios nuevos para una educación, no sólo generalizada, masiva, sino también diferenciada más allá del discurso marxista de las clases sociales. Es una educación nueva para una sociedad nueva, más compleja y más técnica para unos y más exquisita para otros. Siempre la educación ha sido correspondiente con los ideales sociales de cada época y de cada estadio del desarrollo social y siempre de una forma clara o velada, la educación ha estado articulada a las formas de existencia social. Pero en la sociedad capitalista la educación es un soporte fundamental para la existencia social. Es difícil en esta época a diferencia de las anteriores separar la educación de los procesos sociales.

Ya la cotidianidad no es invadida por la educación, sino que ella misma es educación. Los diferentes autores que periodizan el desarrollo histórico de la educación, articulan sus caracterizaciones a las formas sociales y políticas de la organización social. Lo que permite inferir que las tensiones de las que hablaba Suchodolski han estado vertebrando los discursos sobre la educación. Los cambios en las formas de producción (social, económica, política, ideológica y cultural) marcan los cambios en los discursos educativos y dan origen a nuevas formas de abordar el conflicto existencial y social del devenir histórico.

Los discursos además de ser variados según los enfoques de donde provengan, involucran categorías o términos de alto contenido epistemológico: pedagogía, enseñanza, didáctica, aprendizaje y currículo, pero además la educación como objeto es abordada por disciplinas o ciencias quienes la convierten en objetos subsidiados de sus discursos, así sucede con la sicología, la sociología, la economía. Más allá de lo que Sarramona apunta en torno a las concepciones de la pedagogía según si los discursos son anglosajones, franceses o alemanes, lo cierto es que además de la pedagogía existen "ciencias de la educación" (Mialaret, 1977. p. 119) que asumen el estudio teórico de dimensiones de la educación: los procesos mentales, los procesos sociales, los procesos biológicos, los procesos económicos, los procesos ideológicos y, en fin, el conjunto de parcelas en las cuales se reconstruye el proceso educativo.

Lo interesante de todo esto es que, respecto a las llamadas ciencias de la educación, poco o nada puede hacerse en la medida en que no se puede discutir que existe una economía de la educación, sociología de la educación, una sicología de la educación, el problema es cuando abordamos lo referente al campo de la pedagogía, la enseñanza, el aprendizaje, el currículo, la didáctica, como momentos, procesos o concreciones del proceso educativo. Vale la pena entonces mirar taxonomías de esas concreciones para leer en ellas los enfoques y los discursos y la variedad de ellos sobre la educación y sobre la concreción misma.

     Luis Alberto Malagón P.

La educación se concreta a través de las categorías que le dan estructura y forma: la enseñanza, el aprendizaje, la pedagogía, la didáctica, el currículo, la investigación, independiente de los enfoques sobre cada una de ellas. En ese sentido se presentan a continuación consideraciones en torno a una y otra con el fin de visualizar esos discursos educativos en relación con esas categorías educativas.

Empezaremos con el punto de vista de Eisner quien se adentra en el estudio de las dimensiones del conocimiento educativo y considera cinco dimensiones (1998, p. 305), básicamente:

- *Dimensión intencional*. Se refiere a las metas y propósitos que se formulan para las instituciones escolares. Muchas veces los profesores, las instituciones y los estudiantes tienen metas diferentes, cada uno apunta a propósitos diferentes e incluso el éxito no necesariamente depende de que el docente logre sus metas sino de la satisfacción que los alumnos obtienen y ello puede depender de sus intereses y no de los institucionales. Lograr un consenso entre lo que la institución quiere, lo que la sociedad quiere, lo que el profesor se propone y lo que los estudiantes desean es una difícil tarea del currículo. Las prácticas consensuales como ejes del trabajo curricular son estrategias válidas para integrar intenciones.
- *Dimensión estructural*. La organización de los programas escolares y la manera como ellos involucran a los estudiantes representa formas de estructuración de la conciencia, que en muchas oportunidades no se cuestionan, se consideran inmutables, se integran en el currículo oculto y representan toda una carga ideológica. Eisner apunta al respecto:

Los expertos en educación, que se centran en los aspectos estructurales de la escolaridad, notarán de qué manera las envolturas organizativas que hemos diseñado afectan a cómo se desarrolla la educación. Las escuelas, al igual que los hospitales, las fábricas y las prisiones, tienen una única virtud que éstas pretenden alcanzar. ¿De qué manera facilita la estructura organizativa de nuestras escuelas y nuestras aulas ese talento? (1998, p. 95).

- *Dimensión curricular.* Para este autor, el currículo se refiere a los contenidos y el método y su reflexión apunta a resaltar el problema de la calidad, la pertinencia, la interpretación, la interdisciplinariedad entre los diferentes contenidos y la utilización adecuada de los métodos. De igual forma apunta también lo referente a los "tiempos y movimientos" distintos entre profesores y estudiantes "los estudiantes aprenden, más rápido de lo que los adultos creen, que para ellos es importante aprender" (Eisner, 1998, p. 96). Considera relevante "las implicaciones de valor del currículo" por el significado que tienen para comprender el sentido de la propuesta curricular y sus efectos en la enseñanza; "aprender a ver lo que hemos aprendido, y no sólo a mirar, sigue siendo una de las tareas más decisivas y difíciles de los expertos en educación. Todo lo demás descansa sobre esto" (Eisner, 1998, p. 97).

- *Dimensión pedagógica.* "Es la cuarta de las áreas principales de la [*enseñanza*], que puede ser el centro del enfoque de los expertos en educación" (Eisner, 1998, p. 97). Es de vital importancia una reflexión que en este aparte realiza Eisner en cuanto a la relación de enseñanza y currículo y su importancia para el conocimiento educativo. Uno, el hecho de que los currículos son mediatizados por el profesor, lo que lleva a que un mismo currículo sea enseñado de diferentes maneras por diferentes profesores, lo que sugiere una estrecha relación entre currículo y enseñanza; dejemos que Eisner mismo lo señale "En *este* sentido, la distinción entre currículo y enseñanza es artificial. Nadie puede enseñar nada a alguien: Nadie puede enseñar algo a nadie" (1997, p. 97). Dos, los profesores mediatizan su enseñanza a través de un conjunto de operaciones que de alguna manera tipifican su estilo y en muchas oportunidades lo que es mejor para un profesor no lo es para otro y eso significa que la enseñanza del uno sea mejor que la del otro.

No hay duda que Eisner, asimila la pedagogía al quehacer del maestro, sus formas de enseñar son sus formas pedagógicas de actuar.

- *Dimensión evaluativa.* El conocimiento educativo en esta área no se restringe a los exámenes, en cuanto que evaluar no significa necesariamente la utilización de exámenes. La evaluación va a los juicios de valor sobre el quehacer de los estudiantes, no está determinada a un momento y lugar sino que se da en todo momento y en todo lugar, cualquier expresión de un profesor frente a la actividad de un estudiante es una forma de emitir un juicio. Por la importancia para el conocimiento educativo es conveniente transcribir un comentario de Eisner respecto de la evaluación: "Más de lo que los educadores dicen, más de lo que ellos escriben en las guías curriculares, las prácticas de evaluación dicen lo que tanto cuenta para los estudiantes como para los profesores. Cómo se emplean estas prácticas, qué dirigen y qué rechazan, y la forma en la que se desarrollan habla forzosamente a los estudiantes sobre lo que los adultos creen que es importante" (1997, p. 102).

Jaume Sarramona propone un conjunto de modelos pedagógicos entendidos según él como "normatividad básica que rige una determinada manera de concebir la educación" (2000, p. 199), sustentados en diferentes teorías del aprendizaje que le dan sentido y los estructuran. Para este autor los modelos pedagógicos son modelos de acción educativa y se pueden llamar también modelos *instructivos* o *didácticos* en relación con el proceso de enseñanza-aprendizaje. Más allá de confrontar estas afirmaciones, se conciben como aportes ilustrativos de la manera como la educación va modelando su accionar teórico. Y va configurándose como una disciplina científica, son desarrollos del conocimiento educativo para agenciar su status, más allá de lo normativo, así en principio esto sea lo constituyente estructural.

Sarramona, propone cinco grandes modelos, así:

Modelo pedagógico asociacionista

Definición. El aprendizaje es el resultado de las acciones provocadas por el medio ambiente y que se expresa en el esquema E-R.

Fundamentos. Asociacionismo aristotélico, en cuanto que el conocimiento arranca de las percepciones sensibles. Locke y Hume, para quienes todo conocimiento pasa previamente por los sentidos. Watson, uno de los padres del conductismo, para quien la naturaleza y forma de los estímulos provoca el tipo de personalidad que se desee. Pavlov, creador del condicionamiento clásico en el cual el aprendizaje se define por la asociación de la respuesta con el estímulo incondicionado. Skinner, creador del condicionamiento operante, que a diferencia del anterior es voluntario, consciente y vinculado con un reforzador que actúa como medio. Los reforzadores positivos y los negativos también han sido utilizados indistintamente por los docentes sin muchas veces medir sus consecuencias. Al lado de los científicos anteriores aparecen otros como Thorndike, Hull y Guthrie, quienes desde la psicología transfirieron sus modelos a la educación. Resultados concretos de esta teoría fueron: la enseñanza programada, los objetivos operativos, la taxonomía de Bloom y el enfoque de la educación denominado Tecnología Educativa.

Aplicaciones. Aprendizajes simples, de carácter conductual y habilidades psicomotoras, así como para el reforzamiento de comportamientos positivos.

Lamentablemente con este enfoque, como con los demás, se generalizó su aplicación sin tener en cuenta sus limitaciones y espacios de aplicación para la obtención de resultados positivos.

Modelo pedagógico de imitación

En este enfoque en el cual la imitación aparece como el mecanismo para el aprendizaje, el autor refiere cuatro grandes tendencias enmarcadas en lo que podría denominarse *aprendizaje social* (Sarramona, 2000, p. 215) en tanto suponen una relación directa entre los sujetos y las conductas se adquieren en esa socialización. Las primeras tendencias se refieren a un aprendizaje más instintivo y las segundas a un aprendizaje más ambientalista.

Modelos pedagógicos sociales de tipo instintivista

Incluye por un lado la Teoría Etológica de Lorenz, quien encuentra una solución de continuidad y una explicación de los comportamientos humanos a partir de comprender las estructuras anteriores del comportamiento humano. La adaptación al medio (educación) sería el resultado de comportamientos instintivos apropiados a las estructuras psíquicas y fisiológicas de los seres humanos; y por el otro, la Teoría Psicoanalítica

 Luis Alberto Malagón P.

del Aprendizaje fundamentada en las teorías psicológicas de Freud, para quien el inconsciente se constituye en la subestructura básica para la comprensión de gran parte del comportamiento humano. Más que una teoría de aprendizaje en el sentido estricto, el psicoanálisis aporta una masa crítica de conocimientos muy valiosos para direccionar la enseñanza y corregir y explicar muchos comportamientos que la ciencia normal no lo puede hacer.

Modelos pedagógicos sociales de tipo ambientalista

Además de fundamentarse en la teoría conductista anteriormente indicada, se apoya también en los trabajos de Albert Bandura, quien expone su teoría del aprendizaje social con base en dos mecanismos básicos: la contigüidad (acercamiento entre el comportamiento deseado y la observación) y la mediación (estímulo mental, verbal), que facilite la adquisición de la conducta buscada.

Síntesis de las características principales de los modelos de aprendizaje social (Sarramona, 2000, p. 225):

Autor	Principios	Aplicaciones
Lorenz	Base instintiva Aprendizaje por impringting Temporalización de los aprendizajes	Las capacidades innatas posibilitan el desarrollo de aprendizajes. Los primeros aprendizajes dejan huella profunda. La maduración biológica posibilita los aprendizajes.
Psicoanálisis	Identificación Represión Sublimación	Se justifica la imitación por valoración del modelo. El simple castigo es causa de frustración y despierta agresividad. Es preciso canalizar la agresividad hacia objetivos pedagógicos socialmente aceptables.
Mowrer	Aprendizaje por refuerzo sobre el observador Aprendizaje por sintonía con el modelo	Las imitaciones se han de acompañar de refuerzos positivos. Mostrar los efectos positivos de las conductas a fomentar.
Bandura	Contigüidad Mediación	Las conductas a imitar deben ser observadas en sus consecuencias de manera inmediata. Las conductas a imitar se representan lingüística y conceptualmente.

Educadores importantes como Montessori y Claparéde, son ubicados por el autor en esta corriente.

Modelo pedagógico cognitivista

En este enfoque se supera el carácter pasivo del sujeto, muy presente en los enfoques anteriores, en especial en los de corte conductista y se recupera el papel activo de éste, su capacidad de reflexionar y el papel de los procesos mentales en la elaboración del conocimiento. De alguna forma, frente a la tensión entre el pensamiento aristotélico de las ideas, llamado por Pozo el "padre del asociacionismo" (1996, p. 18) y la doctrina platónica de las ideas innatas que "resurgirá en la tradición filosófica occidental en el pensamiento racionalista e idealista de Descartes, Leibniz o Kant" (Pozo, 1996, p. 18), la fundamentación cognitiva toma partido por la segunda corriente. Este enfoque cognitivo al rescatar el papel de los procesos mentales, comienza a abrir el secreto de la caja negra de Skinner y por lo tanto a redimensionar la pedagogía –que había sido tomada por el conductismo–. Tres propuestas son incluidas por el autor en este modelo (Pozo, 1996, p. 18):

El 'conductismo cognitivista' de Tolman

Sus trabajos son catalogados como puentes entre el conductismo y la *Gestalt* en la medida en que asume el conocimiento como una tarea intencional del sujeto y no simplemente como reflejo o provocación ambientalista. La intencionalidad de la conducta es un componente que lo distancia del enfoque conductista. Sarramona (2000, p. 232) resume los aportes de Tolman a la pedagogía en cuatro principios: la conducta es intencional, la conducta global es plástica y flexible, los sujetos procuran lograr sus metas por el camino más fácil y, el aprendizaje se organiza bajo la forma de mapas cognitivos.

El aprendizaje según la teoría de la Gestalt

Los representantes más importantes de este enfoque son: Wertheimer, Koffka, Kölher y Lewin. Este enfoque ha sido llamado también teoría de la forma. De acuerdo a Sarramona (2000, p. 233) cinco leyes constituyen el fundamento de la Gestalt: similitud, los datos semejantes tienden a formar agrupaciones en el momento de la percepción; proximidad, los datos más cercanos se agrupan; continuidad, los datos que se agrupan en líneas rectas o curvas tienden a ser percibidos como una unidad; cierre, se tienden a ver como completos los datos que forman figuras, aunque no sean completos; y, fondo-forma, las figuras que tienen contorno destacan el contexto que entonces actúa como fondo, en caso contrario se confunde todo el contexto.

Esta teoría ha tenido aplicaciones importantes en el campo pedagógico y curricular y de hecho muchas de sus propuestas han sido traducidas didácticamente. La percepción global que constituye –diría– el soporte fundamental de esta teoría, se complementa con las percepciones analíticas que se van desarrollando en la maduración social y mental del sujeto. Desde el punto de vista didáctico, estas tres percepciones asumen la forma de momentos de aprendizaje como: globalización (síncresis), diferenciación (análisis) e integración (síntesis).

Sarramona, sintetiza así el pensamiento sobre esta corriente: "A diferencia de una concepción exclusivamente analítica de la realidad, como la presentada por el asociacionismo, la teoría de la *Gestalt* defiende su conocimiento partiendo del todo para llegar a las partes, de lo indeterminado para llegar a lo determinado, de lo general a lo particular" (2000, p. 237).

El modelo del tratamiento de la información

Pozo, refiriéndose a este enfoque nos dice: "Sin duda, el procesamiento de la información constituye el paradigma dominante dentro del enfoque cognitivo" (1996, p. 19). Aquí no se trata solamente de cómo los individuos adquieren la información sino también de qué hacen con ella. En el marco de esta teoría se ha avanzado hasta la formulación de técnicas que le permitan a los sujetos clasificar, codificar y almacenar la información.

Diría finalmente que si alguien se encuentra interesado en profundizar las teorías cognitivas, el texto de Pozo (1996, p. 19) es ampliamente recomendado al respecto.

El modelo educativo constructivista

Para Gallego-Badillo, los fundamentos epistemológicos del constructivismo hay que rastrearlos desde los primeros pensadores griegos, en especial Jenófanes en el siglo V antes de Cristo "quizás sea en el pensamiento de Jenófanes donde haya que encontrar las primeras aproximaciones a esta corriente epistemológica" (Gallego, 1996, p. 74). Probablemente sea así y probablemente lo sea con todas las corrientes o enfoques pedagógicos, ya que todas de una forma u otra se fundamentan en las primeras filosofías. Sarramona, no obstante, sitúa los orígenes en las aportaciones teóricas de autores situados en el primer tercio del siglo XX, que se articulan, según él, con las modernas teorías sobre el procesamiento de la información. Siete autores relaciona Sarramona como representantes de esta corriente: Vygotsky, Piaget, Inhelder, Perret-Clemont, Hanri Wallon, Brunner y Ausubel.

Sitúa a Vygotsky y a Piaget como las dos columnas, aunque con las diferencias conocidas entre uno y otro, en especial en torno a la relación entre aprendizaje y desarrollo. Para el primero, aprendizaje y desarrollo no son coincidentes a diferencia de las afirmaciones del segundo sobre las etapas del desarrollo y su relación con el aprendizaje. Esta diferencia es fundamental en la medida en que para Vigotsky lo social e histórico es decisivo en los procesos educativos. Se podría decir quizás que el constructivismo de Vygostky es más de carácter social y el de Piaget más apegado a la psicología. Uno de los aportes más importantes de Vygotsky es lo referente a la Zona de Desarrollo Próximo (distancia entre lo que el sujeto puede hacer solo y lo que es capaz de hacer con la ayuda de otro) por las implicaciones pedagógicas. La Zona de Desarrollo Próximo, sería el espacio de intervención institucional, docente, didáctico, de la enseñanza formal y no formal.

Aprendizaje por descubrimiento

Su representante más connotado es Jerome S. Bruner. El lenguaje y el entorno tienen en esta propuesta un papel muy significativo en la medida en que le proporciona los instrumentos necesarios para adentrarse en el descubrimiento del conocimiento por medio de unos acercamientos a la situación planteada. Este es un aprendizaje basado en estrategias y la organización curricular (Bruner propuso la organización

 Luis Alberto Malagón P.

curricular en forma de espiral) cumple la función de llevar al sujeto a estadios cada vez más complejos en los cuales va descubriendo relaciones y conceptos y avanza en niveles: sencillo-complejo; abstracto-concreto; y, específico-genérico.

El aprendizaje significativo

David Ausubel es el representante más connotado de esta corriente. De acuerdo a Sarramona (2000, p. 252), Bruner y Ausubel comparten muchas cosas, pero la diferencia radica en que el primero privilegia la vía inductiva y el segundo la deductiva. Dos aportes pedagógicos importantes aparecen en este enfoque: los organizadores previos, conjunto de afirmaciones o principios que anteceden a los conceptos que se van a tratar; y, los mapas conceptuales, que funcionan como dispositivos curriculares, esto es, organizadores de contenidos para avanzar el trabajo pedagógico. El aprendizaje significativo se desarrolla en varias fases: aprendizaje receptivo memorístico, aprendizaje significativo, aprendizaje por descubrimiento memorístico y aprendizaje por descubrimiento significativo.

Los aportes de David Ausubel a la enseñanza han sido muy importantes y sus propuestas didácticas han tenido aplicación en los sistemas educativos. Para estos efectos propone el desarrollo de cinco momentos en el trabajo expositivo de la enseñanza, que Sarramona los resume así:

a) Presentación inicial mediante los organizadores previos
b) Presentación secuencial de las informaciones, con el soporte de materiales didácticos diversos
c) Presentación y análisis de ejemplos para encontrar puntos comunes y diferencias entre los conceptos tratados
d) Referencias al principio de inclusión [es el camino para vincular la nueva información con las estructuras cognitivas pertinentes ya existentes en el sujeto que aprende, lo cual se lleva a cabo mediante una tarea de subordinación del material nuevo con lo ya aprendido]
e) Integración final, mediante nuevos ejemplos, aclaraciones, etcétera (Sarramona, 2000, p. 254)

Modelo pedagógico de resolución de problemas

Sarramona, indica dos grandes estrategias (2000, p. 258): la que utiliza *algoritmos* y las estrategias *heurísticas*. La primera estrategia es aplicable a problemas en las cuales es posible identificar con claridad las variables y se trata de un conjunto de reglas precisas que se van aplicando hasta encontrar la solución. Las segundas tienen una aplicación más amplia y funcionan a partir de hipótesis que se van confrontando hasta encontrar la solución adecuada.

Otra propuesta de modelos pedagógicos y que además ha servido como constructo para la investigación del pensamiento pedagógico de lo maestros en Colombia es la propuesta por Rafael Flórez Ochoa (1994). Este autor propone cinco modelos pedagógicos que fungen como teorías y que intentan responder a preguntas como: ¿Qué tipo de hombre queremos educar? ¿Cómo crece y se desarrolla un hombre? ¿Con qué experiencias? ¿Quién jalona el proceso: el maestro o el alumno? y, ¿con qué métodos y técnicas se puede alcanzar mayor eficacia?

Tradicionalista

Centrado en el maestro, la formación está centrada en el desarrollo de las facultades humanas, es enciclopédica y, la disciplina y el orden, se constituyen en los instrumentos para acompañar la formación del carácter. Sus métodos son memorísticos, verbalistas, se aprende oyendo, viendo e imitando, sus metas son los ideales humanistas y éticos del paradigma metafísico-religioso.

Transmisionista (conductista)

De alguna forma, el anterior también es transmisionista en cuanto concebía la educación como el proceso de transmisión de la herencia cultural necesaria para la conservación de la vida humana. Pero la diferencia radica en los cambios paradigmáticos propuestos y en los cambios en las prácticas pedagógicas en relación con las transformaciones dentro de la formación social. En este modelo existe un mayor grado de sistematización de los procesos; algunas de las disciplinas relacionadas con la educación como la psicología y la administración han logrado avances teóricos, metodológicos y operativos importantes, que son aportados a los procesos educativos; se conoce más al sujeto de aprendizaje; la educación aunque sigue teniendo un carácter clasista se masifica y amplios sectores que ayer no tenían acceso hoy lo tienen, por las necesidades del desarrollo industrial, el Estado fortalece la educación pública y la escuela se consolida como una institución socializadora. El exponente más connotado de este modelo es Skinner.

Romántico pedagógico

En este enfoque, el centro de la educación, de la enseñanza no es el maestro, no son los contenidos, no son los métodos, sino que es el niño y su desarrollo natural. Toda la "parafernalia pedagógica" debe girar en torno a las necesidades del niño. La educación viene de adentro, no se le impone y las instituciones deben acomodarse a esas necesidades. Libertad, espontaneidad, desarrollo libre, autonomía, son algunos de los principios que sustentan este modelo. Los más nombrados representantes son: Nelly, Illich, Rousseau, entre otros.

Desarrollismo pedagógico o progresista

El maestro debe ser una persona muy preparada, conocedora de la ciencia educativa (psicología, pedagogía, sociología,...) y debe tener un papel de facilitador, orientador, coordinador de los procesos de aprendizaje. Los contenidos están sujetos a las fases del desarrollo y la consolidación de estructuras mentales que les permitan acceder a estadios superiores del conocimiento. La formación está en relación con las etapas del desarrollo y en cada una de ellas se deben apropiar las experiencias y los ambientes necesarios para garantizar las metas correspondientes. Piaget y Dewey, parecen como los abanderados de este modelo.

Socialista

Parte de la crítica a la educación en la sociedad capitalista y propugna por una educación integral, polifacética, polivalente y científico-técnica. Se trata del desarrollo pleno del individuo y en relación con el trabajo productivo. El ideal del hombre nuevo se constituye en el catalizador de los procesos, superando la división entre trabajo manual y trabajo intelectual (Castles & Wustenberg, 1982, p. 17). Suchodolski condensa así el pensamiento de esta corriente: "dado que los de la civilización socialista edificarán su futuro a través de la realización de las tareas históricas y de su acción planificada y creadora, el hombre del futuro debe disponer de esos tipos de cualificación" (Suchodolski, 1979, p. 100).

Continuando con estos procesos de concreción de la educación y buscando dimensiones un poco diferentes a las anteriores, queremos abordar la educación, no sólo desde sus dimensiones institucionales (Eisner), desde la psicología educativa (Sarramona), desde la crítica a la escuela (Palacios), desde la pedagogía (Flórez), sino desde el discurso social y para ello tomamos como base el ensayo de Magdalena Salamón, el cual nos introduce en la educación como fenómeno social que le ha sido adjudicado a la sociología de la educación. Magdalena Salamón ha expuesto el estudio social de la educación desde tres perspectivas: funcionalista, estructural-funcionalista y teorías de la reproducción. Según Salamón, estas tres corrientes comparten un conjunto de lineamientos generales sobre la educación como fenómeno social (1980, p. 4-5).

- La educación se concibe como una instancia social objetiva, sin desconocer la relación individuo-individuo
- La relación educador-educando es un componente en el conjunto de relaciones que definen el sistema educativo
- La educación no es solamente resultante del conjunto de variables que conforman el conjunto del sistema social, es también condicionante para el sistema
- La educación es un proceso en sí mismo, tiene su autonomía y su propia dinámica sin desconocer la articulación con el sistema social en su conjunto
- El objeto de estudio de la educación puede verse como un sistema, de afuera hacia adentro, o como un subsistema de adentro hacia fuera
- El campo educativo desborda la escolaridad e involucra otras instituciones como la familia, los medios de comunicación y otras formas sociales de organización formal y no formal
- Los factores sicológicos que durante mucho tiempo fueron considerados la base de la enseñanza-aprendizaje, no se desco-

 Luis Alberto Malagón P.

nocen en la concepción social de la educación. Por el contrario, adquieren su verdadera dimensión en cuanto se articulan a una visión integral del proceso educativo
- La investigación del fenómeno educativo se apoya en los desarrollos metodológicos de la ciencia, buscando siempre que respondan a la especificidad de su propio objeto

Con base en estas consideraciones, es posible diferenciar la naturaleza de cada perspectiva:

- *Funcionalista*, basada en el pensamiento de Durkheim, quien dilucida la naturaleza social de la educación y su papel de transformar el ser asocial en un ser social. La educación es entendida en el marco de esta corriente como *socialización*. La apropiación de la cultura como mecanismo para el crecimiento social.
- *Estructural-funcionalista*, fundamentada en el pensamiento sociológico de Robert Merton y Talcott Parsons, entienden la educación como el proceso a través del cual los seres humanos logran su inserción en el sistema social y adquieren su status de acuerdo al grado de escolaridad y su desempeño. Magdalena Salamón, refiere lo siguiente:

Talcott Parsons, junto con Davis y Moore, fueron quienes fijaron primero el origen de la desigualdad social, como un proceso de evaluación diferencial, según la importancia funcional de las ocupaciones, originada en las necesidades de las sociedades complejas, que requieren de destrezas y habilidades especializadas y que los menos pueden satisfacer por el largo, costoso y complicado proceso formativo escolar que implica. Acaece entonces la selección social, medida en niveles de educación, y que origina a su vez retribuciones diferenciales y prestigio (Salamón, 1980, p. 13).

- *Teorías de la reproducción*, se habla de teorías, porque efectivamente son varios los autores con matices diferentes. El nombre de *reproducción* deviene de la consideración en torno a que el gran tema de esta sociología de la educación es el de los mecanismos por los cuales la educación, o más concretamente la escuela, contribuye a la producción y la reproducción de una sociedad de clases. Este asunto es el tema unificador de dicha tradición teórica y empírica, el hilo conductor y de articulación entre estudios que pueden parecer, inicialmente bastante divergentes (Silva, 1995, p. 22).

Los representantes de esta perspectiva son todos de inspiración marxista y los más representativos son: Althusser, Baudelet y Establet, Bowles y Gintis, Bordieu y Passeron y, Michael Young, creador de la llamada *nueva sociología de la educación*. Sus textos más representativos son: *Ideología y aparatos ideológicos del Estado, La instrucción escolar en la América capitalista, La reproducción, La escuela capitalista, y, Conocimiento y control*. En esta corriente es posible diferenciar dos o tres tendencias: Althusser, Baudelet y Establet y, Bowles y Gintis, orientada hacia el aspecto social y político, mientras que Bordieu y Passeron, hacia lo cultural.

La reproducción social. Fundamentada en el marxismo y estructuralismo, su representante más preclaro es Louis Althusser. En el texto básico: *Ideología y aparatos ideológicos del Estado*; su planteamiento central puede resumirse así: la sociedad se articula con base en dos estructuras básicas: infraestructura (base material) y superestructura (jurídica, política, ideológica y cultural): aparatos represivos y aparatos ideológicos. La escuela es un aparato ideológico encargado de la reproducción ideológica de las relaciones sociales de producción.

La transformación de las instituciones educativas sólo es posible a partir de un cambio en las estructuras de producción.

La teoría de la correspondencia. Fundamentada en el marxismo, sus representantes: Philip W. Jackson, Samuel Bowles, Herber Gintis y Nancy Rae King; los textos básicos: *La vida en las aulas* de Jackson y *La institución escolar en la América Capitalista* de Bowles y Gintis. Sus planteamientos nodales se pueden sintetizar así: el sistema productivo como modelo social para la educación, la escuela organizada de acuerdo a la estructura jerárquica y rutinaria de las instituciones fabriles, el sistema modela a la juventud para su inserción en el sistema productivo, la escuela no iguala. Las diferencias sociales se mantendrán dentro de la escuela y después de egresar de ellas. La relación escuela-sociedad permite comprender mejor el funcionamiento de la escuela.

La reproducción cultural. Fundamentada en el marxismo, tiene como sus máximos representantes a Pierre Bordieu y Jean-Claude Passeron; su texto básico es *La reproducción* de Bordieu y Passeron. La tesis central se constituye a partir de entender que la violencia simbólica (organización, normas, pautas de conducta, actitudes, etc.) se constituye en el mecanismo básico para el mantenimiento de la cultura dominante.

La violencia simbólica se ejerce a través de la pedagogía y del curriculum. En tanto se estructuran con base en unos códigos determinados en forma arbitraria y excluyente. Las conclusiones más importantes de este punto de vista crítico podrían resumirse así:

- La escuela reproduce las relaciones sociales de producción
- Los sujetos educativos (profesores, estudiantes) tienen un papel pasivo
- Las tres últimas teorías son críticas, pero se quedan en ese nivel, no deviene una propuesta para la acción
- Los análisis realizados son valiosos para comprender los sistemas educativos, sus contradicciones, conflictos y la función social que cumplen
- Las teorías críticas de la reproducción, permiten profundizar sobre la relación compleja escuela-sociedad y sus desarrollos en la construcción de una teoría de la educación.

Jurjo Torres y Tomaz Tadeu Da Silva, coinciden en algunas críticas a las teorías de la reproducción, en particular sobre el carácter funcionalista, contestatario de sus formulaciones y el rol pasivo de los agentes educativos. "Sin embargo, algunas de estas teorías tienen también significativas coincidencias con las tradicionales y liberales [...] La principal similitud estriba en el papel pasivo del alumnado y del profesorado, la ausencia de conflictos y resistencias importantes en la escuela ante lo establecido" (Torres, 1996, p. 56).

De otro lado, Tadeu Da Silva, sintetiza así el *dossier* de las acusaciones contra *las teorías de la reproducción*:

1. Son mecanicistas, reduccionistas y economicistas.
2. Son funcionalistas.

3. Suponen una total pasividad de los actores sociales.
4. Ignoran el conflicto, la contradicción y la resistencia.
5. Son ahistóricas.
6. Ignoran o teorizan inadecuadamente las posibilidades de trans-formación social.
   Además de eso, como consecuencia de una o más de las restricciones arriba mencionadas, las teorías de la reproducción:
7. Serían simplistas, pesimistas y derrotistas.
8. No corresponderían a aquello que realmente ocurre (en una versión regional, la crítica afirma que ellas no serían adecuadas a la teorización de aquello que sucede en países del tercer mundo). (Silva, 1995, p. 58).

No hay duda que las críticas son duras a estas posturas y más allá de que tengan razón en todos sus planteamientos, no hay duda que las teorías de la reproducción dejaron muchos vacíos en sus análisis y cerraron muchas puertas para la acción.

Además de estas tres perspectivas aparece una cuarta, expuesta por Henry A. Giroux, denominada *teoría de la resistencia* (1995) y/o *teoría crítica de la enseñanza* de Wilfred Carr y Stephen Kemmis (1998, p. 245). El planteamiento de esta corriente se apoya en la llamada Teoría Crítica, desarrollada por la Escuela de Frankfurt. Giroux la define así:

En sentido más general, la resistencia tiene que ser fundamentada en un razonamiento teórico que apunte hacia un nuevo marco de referencia y hacia una problemática para examinar a las escuelas como sitios sociales, particularmente la experiencia de los grupos subordinados. Esto es, el concepto de resistencia, más que un nuevo lema heurístico en el lenguaje de la pedagogía radical, representa un modo de discurso que rechaza las explicaciones tradicionales del fracaso de las escuelas y conductas de oposición. En otras palabras, el concepto de resistencia conlleva una problemática gobernada por supuestos que cambian el análisis de la conducta de oposición de los ámbitos teóricos del funcionalismo y de las corrientes principales de la psicología de la educación, por los del análisis político. La resistencia en este caso redefine las causas y el significado de la conducta de oposición al argumentar que tiene poco que ver con la lógica de la desviación, con la patología individual y la incapacidad aprendida (y, por supuesto, las explicaciones genéticas). Tiene mucho que ver aunque no exhaustivamente, con la lógica de la moral y de la indignación política.

Aparte de cambiar el fundamento teórico con el que se analiza la conducta de oposición, la construcción de la resistencia requiere una serie de preocupaciones y supuestos acerca de la escolarización que son generalmente negados por las perspectivas tradicionales de la escuela y por las teorías de la reproducción social y cultural (Giroux, 1995, p. 144).

La teoría de la resistencia surge como una respuesta a las limitaciones de la teoría de la reproducción, no sólo en lo teórico (la escuela como un objeto de reproducción), sino también en referencia a la acción, esto es, a la necesidad de un discurso que permita desde la escuela la generación de prácticas contrahegemónicas (Torres, 1996, p. 113), no sólo como prácticas contestatarias (no se superaría el discurso de la reproducción), sino como prácticas reconstructivas, capaces de generar discursos alternativos con asiento en la acción. Ya no se trata de una educación crítica, sino de una pedagogía crítica, es decir una pedagogía que es capaz de trascender los modelos imperantes y proponiendo nuevas formas de abordar la educación, el conocimiento y las relaciones institucionales y extrainstitucionales.

Finalmente, y para terminar este recorrido por las diferentes formas de concreción de la educación, está el discurso pos-moderno y pos-estructuralista sobre la educación, que aunque no tiene propuestas claras, difícilmente hoy podríamos hablar de una pedagogía pos-moderna o una pedagogía pos-estructuralista. De todas maneras desde la crítica a la modernidad y el iluminismo, es decir a todo el sistema de pensamiento occidental: explicaciones globales y totalizantes del mundo y de la sociedad, los ideales de libertad, emancipación y autonomía; se comienza a generar una corriente de pensamiento sobre la educación acorde con lo que hoy se ha denominado pos-modernismo. Se busca desmoronar así el fundamento de la educación y la pedagogía moderna: un sujeto racional, entero, ideal y preexistente a cualquier constitución metateórica.

Para corroborar lo anterior, una cita de Tomaz Tadeu Da Silva nos ilustra al respecto:

Desde el punto de vista pos-moderno, el problema está en que la producción de ese tipo particular de sujeto esconde exactamente eso: que se trata de una construcción social e histórica, contingente, característica de una época histórica específica. El sujeto moderno sólo existe como resultado de los aparatos discursivos y lingüísticos que así lo construyeron. Aquello que es visto como esencia y como fundamentalmente humano no es más que el producto de su constitución. El sujeto moderno, lejos de constituir una esencia universal y atemporal es aquello que fue hecho de él. Su presentación como esencia esconde el proceso de su manufactura (1997, p. 277).

Los discursos pos-modernistas, pos-estructuralistas y deconstruccionistas de la educación y del currículo, constituyen un campo nuevo, provocador y que sería conveniente profundizar en otra oportunidad.

Estas diferentes taxonomías, expresan una manera de interpretar la educación, su desarrollo y su naturaleza. Pero como toda taxonomía y como todo intento de sistematización, siempre queda algo por fuera; autores y situaciones difíciles de integrar, por su complejidad y escepticismo. Incluso, las épocas son delimitaciones bastante imprecisas, en gran medida por cuanto las categorías para definirlas dependen del paradigma o del marco teórico. Las sociedades tienen formas de producción, de organización y de existencia social dominantes, pero no únicas, lo que se encuentra son formas combinadas de existencia social; lo tradicional y lo moderno se entretejen para formar complejas redes, para las cuales, las taxonomías se quedan cortas.

De la misma manera, como se dan taxonomías para caracterizar la educación, aparecen también clasificaciones para la pedagogía. Un buen número de autores, buscan siempre sistematizar los procesos pedagógicos, sus formulaciones, presupuestos, principios, a través de modelos, quizás tratando con ello hacer teoría, o encontrar instrumentos para la comprensión e interpretación de las prácticas educativas y pedagógicas. Rafael Flórez (1996), ha elaborado una clasificación de modelos pedagógicos, como teorías de la educación y las ha denominado y caracterizado así: *tradicionalista*, basado en una educación autoritaria, verbalista, transmisionista, repetitiva y centrada en el maestro; *transmisionista* (conductista), orientada al desarrollo de habilidades y destrezas, centrada en la planeación y el logro de metas observables y medibles; *romántico*, de corte naturalista, el conocimiento nace del sujeto y el maestro es un facilitador de los aprendizajes; *progresista*, el maestro y el alumno asumen conjuntamente el trabajo pedagógico y, el conocimiento se construye en un proceso interactivo entre todos los actores del proceso educativo; *social*, la relación alumno-maestro es horizontal, las estrategias de trabajo académico son participativas y buscan fortalecer el trabajo colectivo.

Por su parte Posner (1998), establece cuatro modelos, muy semejantes a los de Flórez: *romántico*: el maestro es un auxiliar del niño, los contenidos son más importantes que el sujeto y los ambientes deben ser lo más flexible posible para que el niño pueda desarrollar toda su potencialidad; *conductista,* basado en la denominada pedagogía educativa y fundamentado en las teorías conductistas de Skinner; *progresista* (base del constructivista), sustentado en el desarrollo de las estructuras mentales, importa más el cómo que el qué o el quién; y finalmente, el *pedagógico social*, desarrollo integral del individuo.

El reconocimiento a la pedagogía como la ciencia por excelencia de la educación, va ganando terreno en la comunidad educativa científica internacional. Rafael Flórez Ochoa (1994), nos ayuda a entender mejor el papel de la educación como disciplina científica de la educación cuando afirma:

Pero los resultados de todas estas ciencias en cuanto ciencias de la educación, por su simple veracidad metodológica particular y por su objetiva dispersión, estarían lejos de suplir competentemente el marco teórico-experiencial de la pedagogía que permitiera de manera unificada e integral *comprender el proceso de humanización del individuo* –en la formación concreta de su autonomía, universalidad e inteligencia– y apropiarse e interpretar los resultados de aquellas mismas ciencias *según la calidad de su aporte a ese proceso* que se libra más intensivamente en la enseñanza de la ciencia y la cultura, como el proceso en el que el individuo se constituye así mismo recreando la producción mas altamente diversa y compleja del pensamiento humano, de lo específicamente humano. Así, la pedagogía no sería una más entre las ciencias de la educación sino que estaría convocada a constituirse en *la ciencia de la educación por excelencia.*

La comunidad educativa científica, ha ido construyendo discursos sobre la educación, de acuerdo a sus propias interpretaciones. Quizás todos esos discursos sean necesarios para ir edificando la ciencia o las ciencias de la educación. Pero lo cierto es que la filosofía, la sociología, la economía, la antropología y la sicología, *entre otras*, no son ciencias de la educación. Son ciencias, con su objeto y sistema de hipótesis propios, no necesariamente relacionados con la educación. Esa es una diferencia fundamental con la pedagogía, la didáctica y el curriculum, que son discursos *de* la educación y *sobre* la educación.

Como introducción a la segunda parte Carr y Kemmis refieren ocho tradiciones generales en el estudio de la educación (1998, p. 28-38).

1. Estudios filosóficos sobre la educación. Constituyen las primeras reflexiones sistemáticas sobre la educación. Los filósofos fueron los primeros en examinar el problema de la educación. Platón, Sócrates, Aristóteles y los Sofistas, no solamente reflexionaron sobre la educación sino que de alguna manera fueron *pedagogos*, ejercieron la profesión de Maestros. Dos cuestiones básicas abordaron en torno a la educación: la naturaleza del conocimiento y su función política.

2. Estudios teóricos. Tres exponentes importantes aparecen en este aparte. Rousseau, Froebel y Dewey, todos ellos abanderados de un discurso que reivindicaba la condición del niño y su derecho a educarse en función de sus intereses, necesidades y su desarrollo natural. Por lo demás Froebel, creó los *kindergarten* (jardín de niños).

3. Planteamientos fundamentalistas. La educación se dividió de acuerdo a sus dimensiones: filosóficas, psicológicas, sociológicas, históricas, dando origen a las llamadas ciencias de la educación y sus objetos: los fenómenos educacionales.

4. Teoría educacional. Surgimiento desde Gran Bretaña de un discurso teórico sobre la educación, tendiente a crear una *teoría educacional*, que diera cuenta de la educación como ciencia. Paul Hirst es su representante más connotado.

5. La ciencia aplicada o la perspectiva técnica y el nuevo pragmatismo. La educación se torna en un problema de estado en los USA como resultado del lanzamiento por parte de los rusos del *Sputnik*. Se estremece la sólida filosofía norteamericana y se replantea todo el sistema educativo a partir de un viraje curricular muy importante: la educación básica y científica como soporte de la formación escolar.

6. Lo práctico. Base de la teoría curricular. La educación se traduce en propuestas concretas, prácticas, instrumentales. Es el paso del discurso filosófico, teórico a un discurso a partir de la práctica educativa. Su representante más importante es J. Schawb y sus planteamientos van a ser importantes a la hora de caracterizar la naturaleza de las teorías educativas, sus trabajos apuntaron a cuestionar la teoría educativa vigente por considerar que ellas no representaban o no reflexionaban desde las prácticas educativas sino desde objetos por fuera de esas prácticas y se traducían en direccionamientos y normatividades.

7. Los enseñantes como investigadores. Tanto Schawb como Stenhouse, sentaron las bases para avanzar en la construcción de discursos educativos a partir de las propias prácticas educativas. Confrontar al docente para que asuma su responsabilidad como *Intelectual* (profesional) de la educación, como sujeto y objeto discursivo.

8. Emerge la tradición crítica. A partir de los planteamientos de Schwab y Stenhouse, se comienzan a generar nuevos discursos sobre el Curriculum, la Pedagogía y la Didáctica que buscan modificar los discursos tradicionales de la educación y en particular modificar la mente de los maestros para que "tomen en sus manos" no sólo el quehacer educativo sino la direccionalidad teórica: política, epistemológica e incluso administrativa. De un discurso *instrumentalista* se busca pasar a un discurso *interactivo*. Al respecto el grupo de Carlos Federici expone lo siguiente:

Dado que la enseñanza está siempre orientada –o al menos justificada– por propósitos y finalidades, se podría a primera vista considerar válida su asimilación a una actividad instrumental. Sin embargo, existen muchas modalidades de interacción en las cuales intervienen propósitos, intenciones y finalidades. Tres características esenciales distinguen esas formas de interacción de lo que es una acción instrumental. En primer lugar esas finalidades cumplen una función orientadora sin subordinar completamente el proceso a ellas [...] En segundo lugar, la dialéctica del reconocimiento, la constitución y reconstitución permanentes de las relaciones entre cada "yo" y los "otros", hace parte fundamental de todo proceso de interacción. [...] En tercer lugar, todo proceso de interacción se acompaña de una conciencia del proceso mismo, aunque sea mínima, por parte de cada uno de los involucrados. A pesar de que no siempre esté muy desarrollada, existe así una reflexividad que convive con la presencia de la tradición a que hemos aludido y que permite eventualmente tematizarla, relativizarla e incluso someterla a discusión (Federici, 1984, p. 75).

Planteadas así las cosas, nos encontramos frente al problema de cómo entender la educación y sus concreciones: la pedagogía, el curriculum y la didáctica, más allá de lo instrumental, de lo metodológico, como proyecto de construcción de sentido. Es innegable que buena parte de los discursos en y sobre la educación han sido elaborados desde otros espacios distintos a la educación: la psicología, la filosofía, la historia, la sociología, la economía, la lingüística y aplicados a la educación a la manera de reglas de orientaciones. Este problema que es aceptado por la mayoría de los teóricos de la educación nos exige el desarrollo de relatos o meta relatos a partir del seno mismo de los procesos educativos. La teoría crítica de la enseñanza (Carr, Kemmis) y la pedagogía crítica (Giroux, McLaren, Freire, De Alba, Díaz Barriga), constituyen marcos referenciales necesarios y determinantes.

Ahora bien cuál es la relación entre pedagogía, didáctica y curriculum. Aunque no es precisamente parte de esta reflexión, si conviene decir, que sobre cada término hay discursos encontrados y muchas preguntas que responder. Algunas de ellas serán abordadas en el segundo aparte sobre el currículo. De todas formas, no se debe pasar por alto una de ellas y que se refiere al binomio, dúo, proceso, denominado enseñanza-aprendizaje. Algunos autores afirman que "la didáctica es la ciencia de la enseñanza" (Contreras Domingo, 1994) o, "nuestra disciplina (la didáctica) es una *teoría de la enseñanza*, heredera y deudora de muchas otras disciplinas" (Alicia de Camilloni, 1997).

Pero así como se habla de teorías de la enseñanza, se habla de teorías del aprendizaje y se adscriben estas teorías a la llamada sicología de la educación. Incluso autores como A. I. Pérez y Gimeno Sacristán (1996), se refieren a teorías del aprendizaje y teorías de la enseñanza o modelos de enseñanza.

Esta dualidad de formulaciones teóricas en torno a un mismo proceso, nos hace preguntarnos: ¿es posible que el proceso educativo utilice por un lado una teoría de la enseñanza y por otro, una teoría del aprendizaje y que en un momento dado sean dispares? Por ejemplo, una teoría de la enseñanza de corte tradicional, transmisionista y una teoría del aprendizaje de corte constructivista, ¿cómo se articularía el proceso? Quizás la dualidad no exista y sea más bien el resultado de los desarrollos históricos de los discursos sobre la educación que no han sido adecuadamente construidos y quizás se deba también a los intereses de los estudiosos de la educación. Aquí las palabras de Gimeno Sacristán y W. Carr, (lecturas del Curso PF-4201 del Doctorado) tienen sentido cuando afirman que la investigación educativa y las teorías de la educación no se han construido a partir de la práctica educativa y por los responsables de esa práctica, y que precisamente la tarea es replantear o deconstruir los modelos tradicionales de investigación, para construir teoría educativa a partir de las prácticas educativas.

Como puede verse, las dificultades no solamente están, en la complejidad de las propias prácticas educativas o pedagógicas, sino en las mismas teorías que intentan explicarlas e interpretarlas. Pero esto que sería una debilidad en principio, se constituye en un reto para redireccionar la investigación educativa.

El currículo, su teoría y su práctica

Si la *pedagogía* es o son las teorías de la educación; la *didáctica*, las teorías de la enseñanza y del aprendizaje; entonces, el *currículo*, ¿qué es? Lundgren: selección de contenidos, organización del conocimiento y las destrezas, e indicación de métodos (1992, p. 20); Stenhouse: "un curriculum es una tentativa para comunicar los principios y rasgos esenciales de un propósito educativo, de forma tal que permanezca abierto a una discusión crítica y pueda ser trasladado efectivamente a la práctica, es una hipótesis" (1991, p. 319); Gimeno Sacristán:

"el proyecto selectivo de cultura, cultural, social, política y administrativamente condicionado, que rellena la actividad escolar y que se hace realidad dentro de las condiciones de la escuela tal como se halla configurada" (1995, p. 40); Johnson, citado por Kemmis: "serie estructurada de resultados buscados en el aprendizaje" (1993, p. 28); McCutcheon, citado por Cherryholmes: "Por currículo entiendo *lo que los estudiantes tienen oportunidad de aprender* en la escuela, a través tanto del currículo oculto como aparente, y lo que no tienen oportunidad de aprender porque ciertas materias no fueron incluidas en el currículo, eso que Eisner (1979, p. 83) llama el 'curriculum cero' (1982, p. 19), (Cherryholmes, 1987, p. 34)". Como se podrá observar es posible enumerar múltiples definiciones y conceptualizaciones, y encontraríamos que la mayoría de ellas difieren en los énfasis que le dan a los componentes del proceso educativo.

En realidad, el concepto de currículo es un terreno movedizo, los autores incluso, algunas veces lo interpretan de una manera y a veces de otra. Por ejemplo, Ángel Díaz (1997), afirma en la presentación de su libro *Didáctica y curriculum*, "(b) la necesidad de establecer nuevas articulaciones entre el curriculum –como expresión de la teoría educativa del siglo XX– y la didáctica –disciplina que estudia los problemas que enfrenta el docente–", y luego, en ese mismo aparte, dice lo siguiente: "De lo curricular se destaca la búsqueda de un contenido que se va enseñar, lo didáctico apunta a redefinir una situación global en la que el contenido se enseña". De lo anterior podría concluirse que habría en el mismo autor dos conceptos: uno, en relación con la teoría educativa (como pedagogía en la concepción de Durkheim y el pensamiento alemán) y dos, como contenidos. Y si eso es un autor, podemos imaginarnos lo que sucede cuando se confrontan o se analizan diversos autores.

Esa falta de claridad en torno a su significado, o quizás mas, de acuerdo sobre su concepto, plantea un problema bien interesante: construir el status epistemológico del currículo. El concepto moderno de currículo y su construcción conceptual, está directamente ligado al desarrollo de las sociedades industrializadas, al paso de la educación general, a la educación especializada, en relación con la demanda de formación puntual y de acuerdo a la división técnica y social del trabajo. Unas palabras de Gimeno Sacristán (1996) son aclaratorias al respecto:

El término curriculum proviene de la palabra latina *currere* que hace referencia a carrera, a un recorrido que debe ser realizado y, por derivación, a su representación o presentación. La escolaridad es un recorrido para los alumnos y el curriculum es su relleno, su contenido, la guía de su progreso por la escolaridad. Aunque el uso del contenido del término se remonta a la Grecia de Platón y de Aristóteles, entra de lleno en el lenguaje pedagógico cuando la escolarización se convierte en una actividad de masas (Hamilton y Gibson, 1980, citado por Goodson, 13), que necesita estructurarse en pasos y niveles. Aparece como un problema a resolver por necesidades organizativas, de gestión y de control del sistema educativo, al requerirse un orden y una secuencia en la escolaridad.

Cuando la escuela se pregunta qué tipo de hombre o mujer *necesita* la sociedad, se pregunta a su vez cómo formarlo y entonces surge el concepto de currículo como "plan de formación, teniendo en cuenta que no todos serán formados con el mismo plan, sino que habrá planes diferentes, currículos diferentes. Quizás un trabajo de análisis e interpretación de las diferentes concepciones de currículo nos permitiera avanzar en una delimitación conceptual más clara. Buscar los puntos de la negociación sobre las diferentes concepciones. Incluso hasta Carr y Kemmis (1988), separan el término 'currículo' del término 'enseñanza'.

Después de revisar autores modernos como Stenhouse (1991), Bernstein (1990), Magendzo (1996), Posner (1998), Gimeno Sacristán (1995) y Contreras Domingo (1994), pareciera encontrarse algunos puntos de convergencia en la conceptuación del currículo: contenidos (selección, organización), métodos (estrategias), plan de estudios (programas, núcleos, áreas) y el carácter práctico del currículo en la medida en que la educación es ante todo *acción*, es un hacer, un actuar. De esto desprenden algunos autores, en particular Lundgren (1992), que las teorías curriculares son metateorías, por la naturaleza de sus explicaciones y de su objeto:

Es difícil realizar una encuesta de las teorías curriculares existentes. Si tomamos la opinión de que el *curriculum* describe los métodos de enseñanza que se han de utilizar y la materia que debe enseñarse, una teoría curricular científica debería constituir una explicación racional de por qué se debería enseñar cierto contenido y porqué debería utilizarse cierta metodología. Si tomamos la opinión de que una teoría curricular es una metateoría, entonces se debería relacionar las explicaciones anteriores entre sí y explicar su función en la planificación y puesta en práctica de la enseñanza.

Pero también hay autores como Alicia W. De Camilloni (1997), quien afirma "Existe todavía una clara controversia acerca de si la didáctica existe como teoría de la enseñanza, según una teoría europea secular; si se confunde con la psicología educacional, según la tradición norteamericana de la primera mitad del siglo XX; o si debe ser remplazada por sus objetos de conocimiento, en particular el curriculum", y epistemólogos de las ciencias como Giordan y Vecchi (1995), sostienen que la didáctica ya no solamente se ocupa de técnicas y métodos, sino también de la *selección de los conocimientos necesarios*. Así pues, el concepto de curriculum se torna más difuso y más complejo.

Con base en lo anterior, surgen *cuatro inquietudes a torno a objetos de investigación del currículo* y que nos darían luces para ir construyendo un espacio epistemológico favorable para las definiciones conceptuales.

Una *primera idea* es en relación con los trabajos de Basil Bernstein sobre los códigos lingüísticos, el discurso pedagógico y las prácticas pedagógicas, las relaciones sociales y de poder (político) en la escuela. Diría, que de alguna forma se trata de profundizar el análisis del curriculum oculto. Estos trabajos de Bernstein se articulan con los de Bordieu y Passeron y, finalmente, con los de Giroux y, Carr y Kemmis, para constituir una gran línea de trabajo o un gran programa de investigación (Lakatos), en torno a los procesos sociales, culturales y políticos, enmarcados pedagógicamente y en función de la relación escuela-sociedad. Podríamos denominarlo: estudio sobre el discurso pedagógico en la escuela o pedagogía y poder en la escuela.

Una *segunda idea* se desprende de Kemmis (1986), considera que la teoría curricular enfrenta una doble situación. Por un lado, la relación teoría-práctica en el proceso educativo y por otra, la relación entre educación y sociedad. En ese sentido implicaría que el currículo no solamente constituye una propuesta o es un "vehículo" que concreta la relación entre la sociedad y la educación; sino también, implica un

 Luis Alberto Malagón P.

quehacer, una práctica pedagógica. Este hecho –la doble situación del currículo– abriría campos de investigación en las dos direcciones: las prácticas pedagógicas como prácticas curriculares; y, las prácticas curriculares (teoría y práctica), como el puente, la correa de transmisión entre la sociedad y la escuela. De la forma (teórica y práctica) como la escuela (Universidad) enfrente esa doble situación, es posible caracterizar la naturaleza del currículo.

En el currículo formal, se formulan los objetivos, los propósitos, los contenidos, las estrategias de evaluación y de enseñanza, en fin todos los elementos necesarios para potenciar el proceso educativo. Si ello es así, entonces el estudio de la teoría y la práctica del currículo nos permitiría comprender gran parte de la interacción entre la Universidad y la sociedad e incluso caracterizar el grado de interpelación de la Universidad con la sociedad. Claro, no solamente sería necesario revisar las propuestas (el currículo formal escrito), sino que sería necesario analizar las prácticas curriculares (actividades de los profesores y los estudiantes) y, lo más importante tal vez, conocer el punto de vista de los egresados.

Podría hablarse de tres tipos de currículos: formal (propuesta), real (ejecutado, las prácticas, la organización y el implícito) y el logrado, lo apropiado por los sujetos al terminar un ciclo académico. No se trataría de hacer una evaluación o una confrontación entre uno y otro, se trata de establecer si los currículos interpelan, relacionan la universidad con la sociedad y hasta que punto o en que grado lo hacen. Se trataría de un trabajo sobre lo propuesto, lo ejecutado y lo logrado, buscando los puntos de encuentro entre los problemas que plantea la sociedad y lo que la Universidad realiza curricularmente. Desde el punto de vista de la disciplina o la ciencia, se buscaría profundizar, analizar, el concepto de currículo como mediador cultural. Desde el punto de vista de la práctica (espacio esencial del currículo), conocer el funcionamiento curricular en relación con su responsabilidad social.

Una *tercera idea*, surge a partir de la consideración institucional de los tres tipos de currículos aceptados: el propuesto (el documento aprobado por las autoridades académicas); el realizado (las prácticas curriculares, las actividades de profesores y estudiantes) y el logrado (los egresados). Podría ser interesante indagar las causas por las cuales se encuentran diferencias, y a veces muy grandes, entre lo propuesto, lo realizado y lo logrado. Esto apuntaría a decisiones teórico-metodológicas, en torno a la práctica del currículo. Probablemente, las razones tengan que ver con la manera como la institución construye sus currículos, por el tipo de currículo o por una influencia significativa del curriculum oculto.

Y finalmente, una *cuarta idea*, surge de lo que hemos venido anotando anteriormente, sobre las múltiples definiciones e interpretaciones del currículo y de las dificultades para definir su objeto. Se trataría de adentrarnos en el análisis del conjunto de definiciones, conceptos, sus diferencias, sus acercamientos, siempre en relación con la práctica.

En otro orden de ideas, Gimeno Sacristán (1992), emplea el término "curriculum ampliado" para referir una concepción totalizadora del curriculum. Posner (1998), utiliza cinco términos para referirse a los diferentes tipos de currículo: oficial, el documento base de la propuesta; el operacional, lo que realmente se enseña; el nulo (Eisner, 1994), los temas que no se enseñan; el oculto, todo el sistema educativo que influye en la formación y que no es reconocido en el diseño y desarrollo del currículo; y, el extracurricular, todas las experiencias pedagógicas realizadas por fuera del currículo.

Por un lado, es posible hablar de tipos de currículo (Posner) y por otro lado, de modelos, tendencias, corrientes. Hay una variedad taxonómica al respecto. Incluso autores como Flórez (1988), devienen los modelos curriculares de los modelos pedagógicos, a partir de considerar, que las teorías y modelos pedagógicos, inspiran los modelos curriculares. De acuerdo a eso, Flórez (1988), habla de cinco modelos pedagógicos: tradicionalista, transmisionista, romántico, progresista y social; y, de cuatro teorías pedagógicas: pedagogía tradicional, pedagogía conductista, pedagogía constructivista y pedagogía social. El cruce de los modelos con las teorías, daría origen a cuatro modelos curriculares por: disciplinas y facultades; objetivos de enseñanza; procesos cognitivos, subjetivos o investigativos; y, por consenso participativo.

De la misma manera, Posner (1998), establece cinco perspectivas teóricas del currículo:

 Luis Alberto Malagón P.

1. Tradicional, transmitir los conocimientos, los valores y las habilidades.
2. Experiencial, todo lo que le sucede al estudiante en los diferentes entornos, influye enormemente en su formación.
3. Estructura de las Disciplinas, quizás una cita de Bruner (1972), hecha por Posner (1988), nos permita entender este punto de vista: "La noción prevaleciente era que si usted entendía la estructura del conocimiento, ese entendimiento le permitiría entonces seguir adelante por cuenta propia…. El conocimiento era una estrategia sagaz con la cual se podía saber mucho sobre muchas cosas y a la vez conservar muy poco en la mente".
4. Conductista o behaviorista, las condiciones de aprendizaje constituyen el instrumento fundamental de este enfoque.
5. Cognitiva, el aprendizaje significativo de Ausubel (1968), constituye la base de este enfoque.

José Contreras Domingo en su excelente texto *Enseñanza, curriculum y profesorado* (1990), establece o propone, seis corrientes curriculares:

1. Teorías que hacen una opción normativa para la enseñanza. Defienden el contenido de la práctica instructiva. Dentro de ellas el autor formula cuatro tendencias: *racionalismo académico* (las disciplinas como base de la estructura del conocimiento); *el curriculum como autorrealización*, se entiende el proceso y toda construcción pedagógica en función del niño; *crítica y cambio social*, la función social del curriculum; y, *desarrollo de procesos cognitivos*, se interesan más en el cómo, que en qué; las disciplinas tendrían un valor instrumental, lo importante es "aprender a aprender".
2. Teorías que plantean un procedimiento técnico científicamente fundamentado. Se centran en los procesos tecnológicos para la construcción de programas curriculares.
3. Teorías que plantean sólo la explicación-investigación del curriculum. Su objeto es la práctica curricular, describirla y explicarla a través de los fenómenos curriculares.
4. Teorías que expresan una visión crítica del curriculum. Los reconceptualistas. La crítica permanente de los procesos curriculares, ha sido su objetivo básico.

5. El lenguaje práctico, como forma de tratar el curriculum. Una cita de Scwab (1978), es ilustrativa al respecto: "Las teorías del curriculum y de la enseñanza y el aprendizaje, no pueden por sí solas decirnos qué y cómo enseñar, porque las cuestiones de qué y cómo enseñar surgen en las situaciones concretas, llenas de detalles particulares y concretos de tiempo, lugar, personas y circunstancias".

6. Teorías que entienden la práctica del currículum como un proceso de investigación. El curriculum es una propuesta hipotética que se va construyendo en la práctica. La investigación es el instrumento de construcción del curriculum.

En el mismo sentido, Magendzo (1996), soportado en los escritos de Eisner (1974), Schiro (1988) y McNeill (1977), pero en especial en los de Michael Schiro, habla de seis concepciones curriculares, así:

1. Educación para la democracia. El curriculum como proyecto para la formación ciudadana, la mayoría de edad y el ejercicio del estado social de derecho.

2. Concepción académica del curriculum. Las disciplinas como estructura del conocimiento y éste como base de la formación.

3. Concepción tecnológica o de eficiencia social. Preparar al individuo para su adaptación la sociedad.

4. La concepción tecnológica en América Latina. Preeminencia del factor metodológico sobre los otros componentes: qué y para qué.

5. Concepción de realización personal. Los intereses del sujeto por encima de todo lo demás.

6. Concepción reconstruccionista social. La educación y el curriculum están determinados históricamente.

Y podríamos continuar exponiendo taxonomías, incluidas las de Lundgren, Gimeno Sacristán, Stenhouse y otros. Pareciera que el curriculum abarca todo y no abarca nada. En el primer caso se refiere a *qué, cómo, por qué, quiénes; cuándo* y *dónde*, es decir, se refiere a la propuesta integral del proceso de formación como una hipótesis. Pero también, el concepto de currículo abarca los cuatro grandes momentos del proceso: la formulación (planeación y organización), la ejecución, lo logrado y por supuesto el currículo oculto como eje transversal. En

Luis Alberto Malagón P.

el segundo caso, lo reducen simplemente a un esquema de organización del *qué*.

No hay duda que Schwab (1978), y todos lo que comparten su tesis, acerca de que el currículo es ante todo una práctica, le apuntan correctamente al objeto. Sólo a través de las prácticas pedagógicas y/o curriculares, es posible *conocer* el currículo. Ésta es la propuesta que integra la teoría y la práctica y la relación escuela-sociedad. A través de él se sistematiza la intencionalidad de la educación como una forma organizada y a manera de propuesta, de hipótesis, como lo decíamos anteriormente.

Finalmente es necesario referenciar algunas propuestas curriculares relevantes, tanto desde el punto de vista de los enfoques como desde el punto de vista de su posicionamiento en la universidad.

1. El *Humanities Curriculum Project*. Fue realizado en la Gran Bretaña, entre 1967 y 1970, el equipo participante estuvo coordinado por Lawrence Stenhouse y entre los miembros se destacan John Elliot y Jean Rudduck. Estaba dirigido a estudiantes de secundaria; su finalidad estaba orientada a desarrollar una comprensión de las "situaciones sociales, de las acciones humanas y consiguientemente, de las cuestiones de valor controvertidas que le son consustanciales" (Torres, 1994, p. 207). Su campo de acción fueron las humanidades.

En el marco del proyecto se escogieron nueve temáticas de actualidad y alrededor de ellas, alumnos y alumnas, así como los profesores, desarrollaban procesos de investigación, y discusión, apoyados en materiales escritos, audiovisuales y la orientación de los docentes.

La importancia de este proyecto es que se convirtió en la base para la formulación del enfoque conocido como *la propuesta curricular* de Stenhouse, concretada en un texto considerado ya clásico: *Investigación y desarrollo del curriculum*, en el cual se plasman las ideas fundamentales de L. Stenhouse. Algunos autores consideran el enfoque de Stenhouse como una propuesta alternativa a la de Bobbit y Tyler.

2. El *Man: A Course Of Study (MACOS)*. Este Proyecto curricular dirigido por Jerome Bruner y con un amplio apoyo económico del sector privado de USA, se desarrolló entre 1963 y 1968 y contó con la participación de prominentes figuras de la ciencia y las artes de USA. El proyecto fue adaptado por otros países como: Reino Unido, Australia, Canadá, Suecia, Holanda entre otros. Orientada a alumnos y alumnas de primaria y secundaria, en el campo de las ciencias sociales. La metodología "fundamental de trabajo que se propone para que el colectivo estudiantil construya y reconstruya sus conocimientos es comparativa. Esta metodología de investigación es también la que utilizan con más frecuencia quienes investigan nesciencias de la conducta y en antropología" (Torres, 1994, p. 215).

El proyecto asume la forma de un *curriculum en espiral*, en donde las ideas se van introduciendo y reconsiderando permanentemente.

El poder y las posibilidades de este proyecto curricular no pueden quedar atrapadas en un listado cerrado de objetivos conductuales (aproximación conductista que frontalmente se rechaza), ya que están fundamentadas en la idea de que el conocimiento debe ser especulativo y, por tanto, indeterminado en cuanto a los resultados que obtendrán los estudiantes. Es un *curriculum* en donde se destacan tanto los contenidos culturales como los procesos de aprendizaje (Torres, 1994, p. 215).

El centro de este curriculum es el *ser humano* y podría decirse que de alguna manera se asemeja a las ideas de Dewey en lo que tiene que ver con abrir la escuela a la vida. El proyecto MACOS apareció como una respuesta de la sociedad norteamericana a la necesidad de transformar los cimientos de la educación, en especial como resultado del golpe psicológico del Sputnik.

Estos dos proyectos: el *Humanities Curriculum Project* y el MACOS, constituyen la base de un nuevo enfoque y una nueva racionalidad curricular, marcada por el enfoque investigativo, en el primer caso, como una práctica del proceso pedagógico y en el segundo, como una estrategia de aprendizaje. Hoy la comunidad científica reconoce a Stenhouse y Bruner como abanderados de un nuevo discurso curricular.

3. Una de las experiencias más importantes en Educación Superior, lo constituye la creación del proyecto UAM-X (Universidad Autónoma Metropolitana de México, Seccional Xochimilco). Es un proyecto que surge posterior a la gran oleada estudiantil de la década de los sesenta y que tuvo uno de sus momentos más críticos en 1968 con los hechos de Tlatelolco. Podría decirse que el proyecto UAM-X, surge como una propuesta a sentar las bases de una nueva universidad, una universidad acorde con los tiempos y portadora de discursos contrainstitucionales, "Abandonar la vieja universidad napoleónica de escuelas y facultades, queriendo formar una nueva institución donde, se desarrolle la ciencia y la tecnología, bajo una estructura departamental que articule docencia, investigación y servicio" (Díaz, 1996, p. 7).

El punto de partida para el diseño curricular modular es la realidad económica, social, política y cultural. A partir de su análisis e interpretación se caracterizan las prácticas profesionales: dominantes, emergentes y decadentes, y se define un *objeto de transformación* o *eje problema*, sobre el cual se van construyendo los módulos, como unidades integrales de saber, a través de los cuales se desarrolla el proceso enseñanza-aprendizaje.

El objeto de transformación constituye, pues, la parte fundamental del módulo e implica una noción diferente del conocimiento, que a la vez tiene implicaciones didácticas. De tal manera, se investiga un "problema eje" que ordena la información, alimenta la investigación que adquiere una dimensión didáctica, y relaciona al estudiante con una comunidad mediante el servicio. La aproximación al conocimiento se da por medio de una tarea concreta. Esta conceptualización ubica al módulo como integrador total (Díaz, 1996, p. 9).

La importancia del sistema modular implementado en la UAM radica en lo siguiente:

*   No se trata de una experiencia al seno de una institución tradicional, se trata de un proyecto institucional: proyecto universidad

- La construcción de los módulos y de todo el conjunto del sistema académico para cada carrera proviene de una apropiación de las dinámicas de la producción social, económica, política y cultural a través de la definición del objeto de transformación, las prácticas profesionales y la construcción de los módulos
- El sistema didáctico está centrado en la investigación, la participación activa de los estudiantes en los diferentes momentos del proceso y la realización de tareas en los espacios reales de la sociedad
- La vinculación universidad-sociedad no es el resultado de acciones extracurriculares, sino que surge de la misma dinámica de construcción curricular. No son acciones adheridas, añadidas al currículo; por el contrario, constituyen dispositivos o estrategias pedagógicas a través de las cuales se construye la formación profesional

4. En América Latina además de la propuesta de la UAM-X, hay un autor que ha estado haciendo propuestas alternativas en el campo curricular: Abraham Magendzo, quien a partir de una crítica a los modelos disciplinares y a los modelos de corte conductista, ha formulado dos propuestas curriculares estrechamente relacionadas. La primera denominada *curriculum comprehensivo* y la cual consiste en:

un replanteamiento del proceso de seleccionar, organizar y transmitir la cultura. Además implica formular una perspectiva crítica frente al proceso de planificación e investigación y desarrollo educacional y curricular que se ha empleado hasta el momento. Implica también redefinir los roles y funciones que le cabe jugar en la gestación e implementación del currículum a los especialistas del área, a los educadores y, por sobre todo, a la sociedad civil (Magendzo, 1991, p. 140);

y, el *curriculum problematizador*, entendido como:

La problematización del conocimiento constituye una concepción de planificación del currículum que no se limita tan sólo a los aspectos metodológicos de la enseñanza y el aprendizaje. Es decir, no es solamente un recurso de enseñanza al que puede recurrir el maestro para motivar a los alumnos, sino que es también una forma para diseñar el currículum tanto a nivel de los planes y programas de estudio, de los textos escolares, de las guías metodológicas, como el quehacer y la gestión curricular en las instituciones educativas y las salas de clases (Magendzo, 1991, p. 233).

5. Axel Didriksson y Alma Herrera, han propuesto "un currículo que promueva la formación universitaria integral que articule lo científico con lo humanístico, la reflexión con la propuesta y la crítica con la anticipación" (López, 2000, p. 51). Proponen que el nuevo currículo debe conjugar el desarrollo de tres áreas: área básica de información, área básica de formación y área básica de autoaprendizaje; cada una de ellas con ámbitos de dominio (cognitivo, práxico, valorativo y actitudinal) y deben promoverse seis tipos de competencias:

- *Básicas*: lectura, escritura, expresión verbal y razonamiento matemático;
- *Genéricas o transferibles*: relacionadas con las áreas disciplinarias: analizar, interpretar, organizar, negociar, investigar, enseñar, planear;
- *Técnicas o específicas*: capacidad de usar técnicamente la tecnología;
- *Simbólicas*: capacidad de identificar y resolver problemas a través del dominio de símbolos y representaciones orales y visuales;
- *Personales*: relacionadas con la inteligencia social;
- *Autoaprendizaje*: capacidad de apropiar conocimiento y desarrollo de propuestas a partir de sus propias potencialidades.

–4–

LA INVESTIGACIÓN EDUCATIVA: UNA PERSPECTIVA CURRICULAR

No hay duda que muchos autores, de alguna forma asimilan la investigación educativa como investigación evaluativa. Álvarez Méndez, quien hace la introducción al texto de Cook y Reichardt (1997), aborda el problema referente a la utilización indiscriminada de los términos Investigación Educativa e Investigación Evaluativa, expresando que su diferenciación obedece menos a cuestiones de concepción o paradigmas y más a matices. Al respecto manifiesta lo siguiente "Intencionadamente he ido esquivando…, digamos".

A veces la diferenciación se da en razón de los sujetos: investigadores, profesores y evaluadores. Pero cuando el sujeto realiza las investigaciones, evalúa y ejercita docencia, los distintos tipos de investigación se funden en uno solo. Pero es procedente establecer diferenciaciones cualitativas entre estos tres distintos tipos de investigación. En la literatura inglesa se habla de *Evaluation Research* (investigación evaluativa), en este caso el sujeto se ocupa específicamente de la descripción y el análisis de un programa de cambio con el fin de mejorarlo o suprimirlo; *Pedagogical Research* (investigación pedagógica), el sujeto educativo se ocupa de abordar a través de la investigación el conocimiento de la enseñanza, con el fin de fortalecer su práctica y de avanzar cualitativamente en su mejoramiento; y, *Action Research* (investigación en la acción), intervención política a través de la sistematización de información.

Como se puede ver, existe una visión muy clara acerca de que toda la investigación en educación es una investigación evaluativa, aplicada y descriptiva y con fines desarrollistas. Está descartada de plano la investigación educativa como generación de nuevo conocimiento. Es algo así como si la investigación básica estuviese escriturada a la psicología, la sociología, la biología, etc., y sus resultados fueran aplicados a la educación, pero desde la educación no fuera posible generar nuevos conocimientos. No aceptan la pedagogía como una ciencia o una disciplina científica. Todos los tipos de investigación educativa son considerados como metateorías, es decir, conocimientos aplicados y en función del desarrollo y el mejoramiento. Creo que éste es precisamente un campo de investigación. Pareciera que la educación es asimilada a la medicina, a la administración a la ingeniería, en el sentido de ser considerados campos de acción más no de investigación.

Si compartimos con Shulman (1986) que los "paradigmas no son teorías, son mas bien maneras de pensar o pautas para la investigación, que cuando se las aplica, pueden conducir al desarrollo de la teoría", podríamos decir que tanto el objeto (práctica docente), como el método (estudio de caso) apuntan a caracterizar la investigación en un paradigma cualitativo y humanista y de alguna forma naturalista –en tanto se trabajó con grupos naturales, sin ser sometidos a prefiguraciones experimentales–. Pero la verdad, esta aseveración es un tanto simple, en particular porque en realidad, no es muy claro lo del paradigma. Por lo demás Kuhn, no se refería a métodos de investigación, sino a la naturaleza epistemológica de las teorías. La idea de paradigmas metodológicos expresada por Reichardt y Cook (1997), es posterior a la de Kuhn y deviene del concepto de utilizar una u otra alternativa metodológica.

Ahora bien, si nos amparamos, por un lado, en el objeto, y por otro en la utilización de dispositivos metodológicos, como la interpretación, podríamos concluir que se trata de un paradigma no positivista, pero empírico, apoyándonos en Vivianne Robinson cuando establece las categorías (tradiciones de investigación o paradigmas): empirista, interpretativo y crítico. Este estudio es de carácter interpretativo y empírico, en tanto construye el sentido de su objeto (la práctica docente) a partir de las versiones dadas por los estudiantes y en tanto se apoya en situaciones cotidianas y naturales.

Pero, también nos podríamos apoyar no en una concepción paradigmática, sino acoger el camino de los *programas de investigación* (Lakatos) y allí encontraríamos también un espacio de interpretación y análisis de la investigación. El Profesor José Contreras Domingo (1994), apoyado según él, en los trabajos de Doyle (1978), Pérez Gómez (1983), Martin (1983) y Shulman (1986), expone una panorámica sobre la investigación sobre la enseñanza, que de alguna manera coinciden con los cinco grandes programas de investigación propuestos por Shulman (1986):

1. *Investigación proceso-producto*. De alguna forma ha sido el modelo de investigación que ha dominado gran parte de la investigación educativa y su premisa es simple: el aprendizaje de los estudiantes es el resultado del comportamiento del profesor, de las acciones de los docentes. El aprendizaje corresponde a lo que identifican las notas escolares. El dispositivo metodológico consiste en establecer un ciclo *descriptivo-correlacional-experimental*. Este tipo de investigación ha sido duramente criticado, por excluir otras variables importantes del proceso y por reducir el aprendizaje a lo observable y medible cuantitativamente. Contreras Domingo (1994), ha señalado tres críticas importantes:

   • Estas investigaciones, reducen el esquema de las investigaciones a dos variables: comportamiento del profesor (independiente) y rendimiento académico (dependiente).
   • La reducción del proceso académico, exclusivamente a lo observable, reduce considerablemente las posibilidades de análisis e interpretación y produce un tipo de conocimiento muy lejano de la realidad.
   • No hay duda que se trata de un tipo de investigación descontextualizada, que deja de lado cualquier posibilidad de explicación científica, en la medida que los contextos podrían explicar y darle sentido y significado al acto educativo.

2. *Las variables mediacionales.* A diferencia del anterior que sólo involucra dos factores, en este aparece un tercer factor: el tiempo en relación con las actividades del alumno, incluido el contenido al que dedica ese tiempo. Contreras Domingo (1994), para efectos de precisar claramente *la variable mediacional* cita a Berlinger (1979, pp. 124-129):

"Lo que haga un profesor para conseguir el aprendizaje en un área en particular de contenido será importante sólo si el alumno se implica con el contenido curricular *apropiado.* El contenido curricular apropiado se define como aquel contenido que está lógicamente relacionado con el criterio [de rendimiento] y que se encuentra en un nivel de dificultad asequible para un alumno en particular... La variable usada en la investigación BTES es el tiempo de ocupación acumulado en un área particular de contenido usando materiales que no sean difíciles para el alumno. Esta compleja variable se llama Tiempo de Aprendizaje Académico (ALT: Academic Learning Time)... La variable ALT se sitúa, pues, entre las medidas de enseñanza y las medidas de rendimiento del alumno".

3. *Las mediaciones cognitivas.* A diferencia de los anteriores modelos o programas (Shulman), los que vienen a continuación se ocupan de lo que sucede en la 'caja negra'. Se profundiza en encontrar explicaciones sobre lo que pasa en el aula. Los procesos mentales del alumno y del profesor son básicos para comprender el verdadero sentido del proceso educativo. Encontramos dos tipos de mediaciones cognitivas:

• *Los procesos cognitivos del alumno.* Se parte de la premisa de que el alumno no es un sujeto pasivo. Por el contrario, reacciona a partir de sus propias 'peculiaridades' y establece mecanismos de interacción con el medio en el cual se encuentra. Contreras Domingo (1994), citando a Pérez Gómez (1983, p. 121), afirma que tres son las preocupaciones que aparecen en este tipo de programa: una, el alumno se enfrenta a sus responsabilidades académicas con sus recursos propios; dos, el alumno se implica desde su propia autonomía en los procesos que enfrenta; y, tres, cómo se articulan los esquemas mentales a esas nuevas experiencias y qué resulta de ahí.

- *Los procesos cognitivos del profesor.* Los procesos de pensamiento del profesor guían su accionar. Desconocerlos, significa dejar de lado una variable tan importante como los procesos cognitivos del alumno. Los profesores deciden cómo y cuando actuar. Dos momentos se tienen en el proceso cognitivo del profesor: el precavido, referido a la planificación y el interactivo, referido a la acción directa. A diferencia de la lógica de la planificación por objetivos, las investigaciones muestran que a la hora de planificar el docente se ocupa más de los contenidos y de las actividades que de los objetivos. Contreras (1994), expone algunas de las críticas más importantes a este programa de investigación: una, la mayoría de estas investigaciones se han hecho descontextualizando al docente; dos, hay una mayor preocupación por lo psicológico que por lo pedagógico; y, tres, si bien el pensamiento guía la acción, el pensamiento del profesor es ante todo práctico, va construyendo sus ideas a través de la acción.

Como alternativa de investigación frente a esta línea, aparece según Contreras (1994), la investigación sobre 'epistemología de la práctica profesional', 'conocimiento en la acción' o 'reflexión en la acción', programas de investigación con un mayor contenido pedagógico y relacionado con la investigación-acción.

4. *Las mediaciones sociales: la investigación etnográfica.* Este tipo de investigación busca acomodar la propuesta metodológica a la naturaleza del objeto. Pretende adentrarse en la búsqueda de significado, de sentido de lo que se hace en el aula, visualizar los cambios que se van sucediendo, y, parte de una premisa básica: la educación para que sea eficaz debe ser cambiante y es en la acción en donde se construye el cambio. Contreras (1994) resalta uno de los aportes más importantes de este tipo de investigación:

Uno de los aportes más importantes que han realizado estas investigaciones ha sido el desvelamiento de los aprendizajes de valores que no se expresan públicamente, las transmisiones ideológicas que se producen más por vía de hechos y conductas desarrolladas que por la verbalización de saberes expresos, o también por la inculcación de valores implícitos en los mismos contenidos; en definitiva la transmisión del curriculum oculto.

Una de las deficiencias que se le encuentra a este tipo de programa, se refiere a una preocupación sustancial por el significado social del aprendizaje, dejando muchas veces de lado lo referente a los aspectos cognitivos. En la mediación cognitiva se dejaba de lado lo social y ahora en la medicación social se deja de lado la mediación cognitiva.

5. *El modelo ecológico de análisis del aula.* Este programa de investigación tiene como su creador al Dr. W. Doyle (1979[a]). Contreras (1994), citando a Doyle, expresa que el marco explicativo del modelo tiene tres dimensiones: una, se sitúa en una perspectiva de investigación naturalista. Se adentra en toda la complejidad del proceso en el aula, construyendo una visión totalizadora de él; dos, la dimensión propiamente ecológica, por cuanto establece las relaciones entre el ambiente y las conductas que allí se expresan; y, tres, se trata de una preocupación básicamente comprensiva. Se trata de entender por qué los profesores y estudiantes actúan de una u otra manera. Para entender las limitaciones de este modelo es ilustrativa una cita de Contreras (1994):

La perspectiva ecológica, en su misma naturaleza, parte de una concepción de la realidad social y humana, según la cual las relaciones que se establecen entre la conducta y el ambiente son adaptativas... Este planteamiento lleva a sostener una concepción de lo social como un sistema de ajuste, de tal modo que lo que hacen los sujetos es adaptarse, amoldarse, replegarse a las condiciones que impone el ambiente social, el acto y modo de hacer, el ejercicio continuo y repetido, el 'trabajo' cotidiano de lo humano que, si bien se ajusta a unas reglas no necesariamente reconocidas por quien las ejerce, es siempre posible de ser creativo e innovador; segundo, paradójicamente, la práctica se somete a las estructuras que ella misma crea y que por ello dan continuidad y regularidad a las acciones humanas y, tercero, es necesario distinguir entre la práctica referida al hacer cotidiano en su conjunto y 'prácticas' en plural, referidas precisamente a las múltiples maneras del hacer de la cotidianidad en la que se configura el ser humano. Este último aspecto nos lleva al segundo núcleo temático en el que se determina la práctica como manera o modo de hacer, método, estilo; término, éste, que tomamos como categoría que engloba las anteriores.

La praxis docente (diría pedagógica), se diferencia de la práctica docente, en que la segunda constituye un conjunto de acciones cotidianas, conscientes o inconscientes, intencionadas o no intencionadas, intemporales como la cotidianidad misma (A. Heller, 1991); mientras que la praxis es interpretación, es acción crítica, es transformación (Sánchez Vásquez, 1973), significa el paso de lo cotidiano a lo no cotidiano, a lo históricamente determinado.

En realidad, la coherencia deviene de la naturaleza del objeto, su fundamentación y los dispositivos para su apropiación. Lo metodológico no constituye exclusivamente el momento de acercamiento al objeto, lo metodológico parte de la misma construcción del objeto

La praxis como fundamento de la teoría crítica de la educación

Es bastante significativo que tanto los teóricos marxistas (Sánchez Vásquez) como los representantes de la teoría crítica (Habermas) y sus seguidores (Carr, Kemmis, Grundy) partan para las definiciones sobre teoría, práctica y praxis de Aristóteles y en alguna medida de Kant. Casi podría decirse que todos refieren sus aproximaciones a la teoría del conocimiento en relación con lo propuesto por Aristóteles en la *Ética a Nicómaco* y la *Crítica a la Razón Pura* de Kant.

De acuerdo a lo anterior, expondremos lo que los diferentes autores sostienen en relación con los conceptos de técnica, práctica, praxis y frónesis, un término que hoy tiene un significado fundamental en la discursiva educativa y en la discursiva epistemológica (Héller & Fehér, 1989, p. 81).

De acuerdo a Carr (1990, p. 24), Aristóteles en la *Ética a Nicómaco* habla de tres tipos de razonamientos: técnico, práctico y lo que podría llamarse científico. Grundy los denomina "tipos de acción humana y las

 Luis Alberto Malagón P.

disposiciones que informan la acción" (1998, p. 42). Carr y Kemmis, les denominan: perspectivas técnica, práctica y estratégica. De acuerdo a estos autores, cada una de ellas tiene un significado autónomo e independiente, aunque relacionado. La acción técnica (tekné) o *poietiké*, que en español se traduce como hacer, involucra la capacidad de hacer algo, de tener habilidad y generalmente o siempre responde a una idea previa. "El razonamiento técnico (instrumental, medios-fines) presupone unos fines determinados y, según reglas conocidas, utiliza determinados materiales y medios para lograr esos fines. Ejemplos de esta acción de hacer son el hacer una olla o un poema [...]" (Carr, 1990, p. 24). Grundy lo define así:

Esta forma de acción, que depende del ejercicio de una habilidad (tekné), siempre es resultado de la idea, imagen o patrón de lo que el artesano quiere hacer. (En griego, todas estas palabras se traducen por el término *eidos*. Eidos equivale a la palabra española idea, pero engloba ese conjunto más amplio de significados). Aunque las acciones en las que se pone de manifiesto una determinada habilidad permiten cierta adopción de decisiones y dan alguna posibilidad de elección, el ámbito de elección, y, por tanto, la libertad del artesano al emprender la acción, siempre está limitada por el *eidos* de lo que ha de crear (Carr, 1990, p. 42).

Podría decirse que durante mucho tiempo las actividades de enseñanza han sido asimiladas o enmarcadas en esta forma de acción. Incluso hoy que la tecnología invade los espacios pedagógicos, pareciera que esta forma de pensamiento que tuvo su máxima expresión en lo que se llamó la tecnología educativa de corte conductista, vuelve nuevamente a tomar sitio con un lenguaje más sofisticado y a través de un discurso –aparentemente– incuestionable: el papel de la tecnología en el desarrollo. Ya en el pasado ríos de tinta se escribieron para desvelar la naturaleza ideológica e instrumental de esa forma de pensamiento.

La institución escolar es vista como una institución neutra, al igual que el profesorado, el programa, los objetivos, los medios, las formas de organización, los métodos de evaluación, etc. Por tanto, no existe en estas perspectivas, una preocupación por los principios normativos que gobiernan la selección, la organización y la distribución de los objetivos y de los contenidos (teorías, conceptos, hechos principios, procedimientos, valores, actitudes y normas), ni por los aspectos metodológicos y sus dimensiones ocultas. En resumen, podemos decir que se desconsidera el modo en que los objetivos, los contenidos, la metodología y la evaluación se relacionan con el poder económico, político y cultural.

Se ignora una cuestión crucial, el análisis de cómo el poder, distribuido en una sociedad funciona a favor de intereses, de ideologías y de formas de conocimiento específicas, contribuyendo así a mantener las prioridades económicas y políticas de clases y grupos sociales particulares (Young & Whitty, 1977, p. 8, citado por Torres, 1996, p. 55).

Pero la perspectiva técnica no solamente tiene un claro significado instrumental, sino también de control y manipulación por el ambiente en la medida en que el *eidos* que direcciona el hacer está previamente establecido. En el caso de la enseñanza, las grandes políticas, los contenidos, los métodos, los sistemas de evaluación, están previamente definidos y la mayoría de las veces, por no decir la totalidad, sin la intervención de los actores educativos. Al respecto Grundy expresa:

Cuando el diseño curricular está informado por un interés técnico, destaca el interés fundamental por el control del ambiente educativo, de manera que el producto que resulte se ajuste a los objetivos preespecificados. Así, cuanto más específicos sean los objetivos y el documento del *curriculum* esté redactado con mayor claridad, más fácil será que el producto se parezca a lo previsto en el enunciado de los objetivos. Los grandes defensores de los objetivos educativos como Gagné (1967), dicen que lo único necesario en el proceso de construcción del *curriculum* es la especificación de los objetivos. Cuando estos han sido definidos, todo lo demás, aun la selección del contenido, queda determinado (Grundy, 1998, p. 53-54).

El segundo razonamiento (Carr, 1990, p. 24) o interacción humana (Grundy, 1998, p. 89) o artes prácticas o "praxis" (Carr & Kemmis, 1988, p. 145) es de una importancia enorme no sólo en la literatura sobre educación sino en general en torno al *conocimiento*. En esta forma de razonamiento, a diferencia de la anterior (técnica), interviene la *phronesis* o en español *frónesis,* entendida como un juicio moral, como un entendimiento de cómo actuar frente a situaciones prácticas.

A diferencia del pensamiento técnico en donde el *eidos* le proporcionaba la idea, el patrón y de alguna manera venía de afuera, la *frónesis* viene de adentro, es una capacidad del sujeto de decidir qué es lo mejor, lo más adecuado. Semejante a lo que Kant llamó razón práctica:

Resucita, para denominarlo, los términos de que para ello se valió Aristóteles. Aristóteles llama a la conciencia moral y sus principios "Razón práctica" (*Nous practikós*). Kant resucita este apelativo y al resucitarlo y aplicar a la conciencia moral el nombre de Razón práctica, lo hace precisamente para mostrar, para hacer patente y manifiesto que en la conciencia moral actúa algo que, sin ser la razón especulativa, se asemeja a la razón. Son también principios racionales, principios evidentes, de los cuales podemos juzgar por medio de la aprehensión interna de su evidencia. Por lo tanto los puede llamar legítimamente razón. Pero no es la razón, en cuanto que se aplica al conocimiento; no es la razón enderezada a determinar la esencia de las cosas, lo que las cosas son. No. Sino que es la [*razón aplicada a la acción, a la práctica*], aplicada a la moral (García Morente, 1998, p. 260-261).

Heller y Fehér refieren el termino *frónesis* a la relación entre explicación e interpretación, es el equilibrio que permite sospesar el punto entre la explicación y la interpretación de una situación determinada: "La explicación es el cerebro de la ciencia social; la interpretación es el alma. Encontrar el equilibrio adecuado entre explicación e interpretación es una cuestión de *frónesis*, del mismo modo que lo es encontrar la proporción correcta entre el núcleo y el anillo o encontrar la relación del *tipo* de interpretación adecuada al subgénero, al tema sometido a estudio" (Héller & Fehér, 1989, p. 81).

La acción práctica o hacer la acción, supone la presencia de valores y son esos valores, esos principios los que le permiten al sujeto ser capaz de hacer, de tomar una decisión y hacer, esto es, realizar una acción. Aquí es importante remarcar que se trata de actuar sobre situaciones prácticas. Kemmis hace una reflexión muy pertinente al respecto:

La acción práctica queda ejemplificada siempre que las personas hacen juicios regidos por los valores acerca de cómo vivir las situaciones sociales. Decisiones como guardar o no lealtad a un amigo por encima de una obligación patriótica; cuando uno enseña física nuclear, señalar o no un aspecto sobre la responsabilidad social de la ciencia; prestar atención o no a la menor fechoría a cargo de un niño que está al fondo de la clase, o continuar explicando el tema de que se trate. [*Las decisiones técnicas pueden tener efectos morales, pero están relacionadas con los medios técnicos mediante los cuales pueden alcanzarse los fines y no con las cuestiones morales sobre si tales medios deben ser utilizados, o si esos fines deben ser perseguidos*]. El razonamiento técnico se refiere a *cómo* deben hacerse las cosas, y no a qué *debe* hacerse. La razón práctica siempre incluye estos juicios morales de manera explícita (Kemmis, 1993, p. 20).

Sobre el concepto de praxis que cabe en este razonamiento, será abordado un poco más ampliamente, más adelante.

El tercer razonamiento, que Carr denomina científico (teoría) (Carr, 1990, p. 25), apunta al ejercicio intelectual, la búsqueda del pensamiento puro, lo que hoy denominaríamos la ciencia pura.

Habermas en su texto *Conocimiento e Interés* desarrolló lo que el mismo llamó: "...reconstruir la prehistoria del positivismo moderno con el propósito sistemático de analizar las conexiones entre conocimiento e interés" (1990, p. 9). Grundy, caracteriza los planteamientos de este texto como: "Intereses constitutivos del conocimiento" (1998, p. 23). Carr, los señala como: "intereses constitutivos del saber" (1990, p. 25). La importancia de los planteamientos en torno a los *intereses constitutivos del saber*, en relación con los propósitos de la reflexión en este trabajo, es que se han constituido en los fundamentos teóricos para la construcción de una Teoría Critica de la Educación o en su defecto para una Pedagogía Crítica, según el autor que se tome. Incluso Grundy hace una afirmación mucho más taxativa al respecto: "Era necesario un 'sólido fundamento' teórico que proporcionase una coherente 'base para los fundamentos' (los psicólogos dirían probablemente que estaba buscando un 'metafundamento'). Encontré esta teoría coherente en la de los intereses constitutivos del conocimiento de Habermas (1972)" (Grundy, 1998, p. 16).

Es necesario dejar en claro que la teoría de los intereses constitutivos de los saberes de Habermas es ante todo una teoría del conocimiento y, por lo tanto, una teoría crítica de la sociedad. Por lo tanto significa que

 Luis Alberto Malagón P.

en Habermas se hace explícita la consideración acerca de la naturaleza social e histórica del conocimiento y de constitución como una teoría social. Una de las diferencias fundamentales entre la Teoría Crítica y el Positivismo es precisamente esa, el carácter social e histórico del conocimiento. Habermas lo afirma así: "El análisis de la interrelación entre conocimiento e interés debería apoyar la afirmación de que una crítica radical del conocimiento sólo es posible en cuanto teoría de la sociedad" (1990, p. 9).

En ese orden de ideas tenemos que Habermas formula los tres tipos de intereses así: técnico, práctico y enmancipatorio. Ante todo son modos posibles de conocimiento, son constituyentes a priori de cualquier acto cognoscitivo, constituyen lo que en su momento se dijo del espacio y el tiempo en Kant, plataformas de definición del conocimiento. A través de esos intereses los sujetos construyen "su" realidad, se apropian de ella y la conocen.

Interés técnico. Se refiere a los conocimientos que el hombre adquiere en su contacto con la naturaleza y que le permiten controlarla, adopta la forma de explicaciones sobre los fenómenos naturales y sobre esas explicaciones elabora los saberes, que son de naturaleza técnica e instrumental. Gran parte del conocimiento científico producido hasta hoy en lo que se ha denominado las ciencias naturales responde a ese interés. De igual forma, este tipo de interés corresponde en términos epistemológicos a un campo del conocimiento definido como empírico-analítico. Desde el punto de vista teórico, Habermas lo asimila al Positivismo, una teoría del conocimiento que ha vertebrado gran parte del pensamiento occidental moderno y que sentó las bases epistemológicas de la ciencia moderna, con base en sus principios: la observación y la experimentación constituyen los caminos de acercamiento a la realidad para su conocimiento; la realidad natural y social se comportan de manera semejante y bajo regularidades que pueden ser descubiertas y convertidas en leyes que permiten explicar su existencia; y, la ciencia se construye ladrillo a ladrillo, de manera acumulativa, es un edificio de pisos en donde cada uno de ellos corresponde a un estadio de la ciencia, que se va expandiendo y enriqueciendo.

Grundy haciendo referencia a la relación de este interés con la educación, afirma lo siguiente:

Sí, mediante la observación y la experimentación, podemos descubrir las 'leyes' que rigen la forma de aprendizaje de los niños, presumiblemente podamos estructurar un conjunto de reglas que, de seguirse, promoverán el aprendizaje. Así, descubrimos que el reforzamiento positivo constituye un factor regular del aprendizaje de la lectura, presumiblemente, un conjunto de reglas relativas a la aplicación del reforzamiento positivo que lleve a los alumnos a aprender a leer.

En resumen, el interés técnico *constituye un interés fundamental por el control del ambiente mediante la acción de acuerdo con reglas basadas en leyes con fundamento empírico* (Grundy, 1998, p. 29).

Finalmente, es necesario expresar que la crítica a este tipo de saberes no busca rechazarlos, negarles su existencia, sino establecer su naturaleza, sus alcances y su carácter, también social e histórico.

Interés práctico. Apunta a la comprensión del mundo social y natural, a compartir con el medio y a buscar el equilibrio entre los diferentes actores sociales y naturales. La forma como el sujeto se acerca a sus congéneres y al mundo natural es diferente que en el interés anterior. Este busca el control, aquel la comprensión. Por eso la naturaleza de los saberes resultantes se inscriben en el campo de las ciencias hermenéuticas, comprensivas e interpretativas. Su antecedente en la antigüedad es el concepto de praxis en Aristóteles. El saber práctico como saber comprendido. La acción es interacción, es relato, es diálogo, es acercamiento. Se trata de una acción subjetiva, no objetiva, es un actuar con el otro para comprender. No se trata de la acción *sobre*, sino *con* el otro, es, en definitiva *interacción*.

Grundy traduciendo a Habermas, expresa una definición así:

El interés práctico es, por tanto, el que genera conocimiento subjetivo en vez de saber objetivo (es decir, conocimiento del mundo como sujeto en vez de conocimiento del mundo como objeto). Podemos definir este interés del siguiente modo: *el interés práctico es un interés fundamental por comprender el ambiente mediante la interacción, basado en una interpretación consensuada del significado* (Grundy, 1998, p. 32).

Interés emancipador. Como Grundy misma lo admite "De estas categorías conceptuales (los intereses), quizás la más difícil de asimilar sea el interés emancipador, pero con la identificación de este interés, Habermas ha hecho su contribución más original a la filosofía moderna" (Grundy, 1998, p. 34).

El interés enmancipador se sitúa de alguna forma como síntesis del interés práctico y del interés técnico. Éste apunta a explicar y describir el mundo, aquél a comprenderlo a interpretarlo para poder entenderlo, encontrarle significado. El interés enmancipador no sólo quiere comprender el mundo, sino que quiere transformarlo y para ello busca generar las condiciones de autonomía y libertad que le permita a los sujetos cambiar el mundo. Una de las diferencias fundamentales entre el interés práctico (interpretativo) y el interés enmancipador, radica en que el primero le da a las ciencias un status correspondiente a la naturaleza de su objeto, mientras que el enmancipador aborda las relaciones entre el contexto objetivo y el subjetivo como condiciones que deben ser transformadas. Sus saberes marcan el espacio epistemológico de una ciencia social crítica, que no sólo explica socialmente, sino que construye condiciones para su transformación. La autorreflexión, el autoentendimiento como condiciones para la libertad y la autonomía racionales, exigen ser develadas en sus posibilidades de distorsión para poder garantizar el interés autoemancipador. La ciencia social crítica crea las condiciones para ese entendimiento autorreflexivo que lleve al sujeto a su destino emancipador.

Kemmis, uno de los representantes más connotados de la teoría crítica de la educación, lo sintetiza así:

Más allá de los intereses técnicos y prácticos, Habermas plantea un tercer tipo: el interés por la autonomía y la libertad racionales, que emancipen a las personas de las ideas falsas, de las formas de comunicación distorsionadas y de las formas coercitivas de relación social que constriñen la acción humana y social. Mientras la ciencia social técnica (empírico-analítica) pretende la regulación y el control de la acción social, y la ciencia social práctica (interpretativa) intenta interpretar el mundo para la gente, la ciencia social enmancipadora trata de revelar la forma en que los procesos sociales son distorsionados por el poder en las relaciones sociales de dominación y coerción, y mediante la operación menos visible de la ideología. No se conforma con iluminar las relaciones sociales, como la ciencia social interpretativa, sino que intenta crear las condiciones mediante las que las relaciones sociales distorsionadas existentes pueden ser transformadas en acción organizada, cooperativa, una lucha política compartida en donde las personas traten de superar la irracionalidad y la injusticia que desvirtúa sus vidas. Esta lucha compartida hacia la enmancipación de la irra-cionalidad y la injusticia empuja a Habermas a denominar su interés subyacente como "emancipador". (Kemmis, 1993, p. 87-88).

Para terminar con este aspecto de los intereses de Habermas, veamos este cuadro de Carr y Kemmis (1988, p. 149):

Interés	Saber	Medio	Ciencia
Técnico	Instrumental (explicación causal)	El trabajo	Las empírico-analíticas o naturales
Práctico	Práctico (entendimiento)	El lenguaje	Las hermenéuticas o "interpretativas"
Emancipatorio	Emancipatorio (reflexivo)	El poder	Las críticas

Con el propósito de sistematizar un poco más lo de los paradigmas en relación con el currículo presentamos el siguiente cuadro que nos indica las características de una y otra racionalidad.

Paradigmas y racionalidad	Descripción	Autores	Propuesta curricular relevante
Racionalidad técnica	1. Control y manipulación del ambiente 2. El currículo como un producto de adecuaciones de los medios a los fines 3. El currículo como puente entre: fines, objetivos y prácticas pedagógicas 4. La construcción curricular, un proceso de especialistas 5. El currículo como dispositivo tecnológico para el control y modificación de las conductas	F. Bobbit R. Tyler R. Johnson H. Taba	1. Curriculum Making: Técnica de redacción de objetivos conductuales 2. Principios Básicos del currículo: definición de objetivos, diseño de experiencias de aprendizaje, selección y organización de las experiencias, y, determinación de logros (evaluación), 3. Fijación de metas educacionales, resultados esperados y planes de enseñanza
Práctico o Praxeológico	1. Comprensión de la realidad como base para definir su significado 2. Comprensión como interacción 3. El conocimiento se genera inductivamente 4. La acción como acción comunicativa, como interacción simbólica 5. El currículo no es producto, sino un proceso participativo, práctico y con las comunidades educativas 6. El curriculum es un proyecto en construcción permanente	L. Stenhouse J. Elliot J. Rudduck J. Bruner	

Crítico, reconceptualista y enmancipatorio	1. El currículo como un proyecto político enmancipador 2. La praxis como fundamento para la construcción curricular 3. La realidad, el contexto, como fuentes para la construcción curricular 4. La comunidad educativa como sujetos de acción y de interacción	P. Freire A. Magendzo	Pedagogía del Oprimido Curriculum, educación para la democracia en la modernidad Pedagogía para la Autonomía

A pesar de que es posible encontrar diferencias importantes entre la racionalidad práctica (Stenhouse) y la racionalidad crítica (Freire), no hay duda que se acercan más entre sí, que con la primera racionalidad (Técnica y de control), no sólo por los fundamentos teóricos, sino también por los aspectos metodológicos y operativos. Esto puede evidenciarse por ejemplo, comparando la propuesta de Tyler en su texto sobre los "principios básicos del currículo" y la propuesta de Stenhouse, que aparece desarrollada en su ya famoso texto. "Investigación y desarrollo del curriculum". Incluso Posner (1998, p. 14-32) presenta un análisis de tres modelos curriculares: Tyler, Jonson y Bruner (MACOS) y en ellos es posible observar con claridad las diferencias entre los dos primeros y el último.

Es posible concluir inicialmente que la racionalidad técnica está sustentada en las teorías psicológicas conductistas; la racionalidad práctica en el cognitivismo y algunas formas de construccionismo; y, la racionalidad crítica en los discursos de la teoría crítica (Habermas, Giroux, Carr, Kemmis, Apple). Una diferencia muy importante entre las propuestas de Brunner y Stenhouse se refiere al componente político. Freire reivindica la política como una característica fundante de la pedagogía –retomando el pensamiento gramsciano– y en ese sentido su propuesta asume el problema del poder, del Estado. Si bien para Stenhouse el currículo es un proyecto en construcción permanente, participativo, su carácter es más escolarizante y más pedagógico; para Freire, Giroux, Apple y toda la tradición de la teoría crítica de la educa-

 Luis Alberto Malagón P.

ción, la construcción curricular además de ser un proceso participativo, democrático, critico es ante todo un proceso político en donde la selección, presentación, estructuración y distribución de los saberes, toca con el problema del poder político, que vertebra la acción pedagógica como acción política. Podría decirse que en Stenhouse y Bruner construyen currículo, sin necesariamente confrontar la naturaleza social y política del contexto; la pedagogía crítica parte de ese cuestionamiento como referente.

La praxis es un término que como se ha visto en las páginas anteriores, tiene sus raíces en la Grecia antigua, en particular en Aristóteles, quien la entendió como acción práctica, como resultado del juicio práctico. Los pensadores marxistas como, George Lukács, Sánchez Vásquez, Karl Kosik, entre otros, reconocen en la categoría de la *Praxis*, un concepto básico en el pensamiento marxista. Pero fue Paulo Freire, desde una postura de izquierda no necesariamente marxista, quien llevó hasta praxis la *praxis*. Freire representa en el contexto Latinoamericano y el tercer mundo, la conjunción o comunión (como seguramente le gustaría decir) entre la teoría y la práctica.

Uno de los textos más tradicionales y más importantes en la Filosofía de corte marxista es el de Sánchez Vásquez, *Filosofía de la praxis*, se podría decir que es un clásico en este campo. El autor afirma que "El marxismo es ante todo –seguimos pensando– una filosofía de la praxis y no una nueva praxis de la filosofía. La constitución del marxismo como ciencia frente a la ideología o a la utopía es, ciertamente, capital, pero sólo se explica por su carácter práctico, es decir, sólo *desde, en y por* la praxis" (Sánchez Vásquez, 1972, p. 9).

El concepto de praxis desarrollado por Sánchez Vásquez, surge de una revisión crítica de los conceptos de praxis en Aristóteles y Platón, así como de dos pensadores contemporáneos de Marx, Hegel y Fuerbach; y de su propia interpretación del pensamiento marxista.

Respecto a los griegos expone (Sánchez Vásquez, 1972, p. 14-25) que para ellos –Platón y Aristóteles–, la praxis significa acción, realizar algo a través de la acción, pero igual era entendida como una actividad de la conciencia y no como una actividad material del hombre social e histórico. La praxis también se entendió en la Grecia antigua como *praxis política*, pero "sin renunciar en ningún momento a la primacía de la vida teórica" (Sánchez Vásquez, 1972, p. 25). Para Hegel, la praxis humana es la práctica de la autoconciencia en la búsqueda de lo absoluto, y también como una idea práctica que busca con la idea teórica un resultado: la idea absoluta. "En suma, la praxis hegeliana es, en definitiva, una praxis teórica que sólo encuentra su fundamento, su verdadera naturaleza y su fin en el movimiento teórico mismo de lo Absoluto" (Sánchez Vásquez, 1972, p. 78).

Para Fuerbach, situado en el polo opuesto de Hegel, representante de lo que Marx el materialismo vulgar o mecanicista, desarrolla el lado opuesto del pensamiento idealista. "La crítica de la religión que lleva a cabo Fuerbach, y su aplicación a la filosofía idealista de Hegel, en su conjunto representan el desplazamiento de lo Absoluto (Dios o Idea) por el hombre real, que ya no es propiamente para Fuerbach un pre-dicado del Espíritu, sino un ente real, verdadero sujeto, que, sin dejar de ser naturaleza, es también espíritu" (Sánchez Vásquez, 1972, p. 79). Fuerbach, recupera el carácter práctico-material de la praxis y po-dría decirse que en la relación teoría-práctica, apunta la primacía de la práctica. Representa un avance importante hacia el concepto integral que desarrolla el marxismo.

Sánchez Vásquez, realiza un ejercicio valorativo de los aportes de Fuerbach en relación con el concepto de praxis.

Avance: en cuanto que al ponerse como sujeto verdadero el hombre y no el espíritu, se ha reducido el comportamiento teórico absoluto, que definía al Espíritu, a un comportamiento fundamentalmente teórico, pero humano.

Retroceso: en cuanto que en este tránsito o viraje radical de lo Absoluto Universal a lo absoluto humano, o del teoricismo absoluto de Hegel al teoricismo humano de Fuerbach, se ha evaporado la práctica real, humana que, aunque en forma mistificada, hallamos en Hegel (parti-cularmente, en la *Fenomenología* y en la *Ciencia de la Lógica*).

Situación estacionaria: pese a este tránsito de lo Absoluto a lo huma-no, y a esta limitación del ámbito de la abstracción, el hombre de Fuerbach sigue siendo –como le objetaran, primero, Stiner, y luego

Marx y Engels– una abstracción. Su Praxis por ello, ha de ser necesariamente –incluso cuando tiene un carácter positivo–, una praxis abstracta que es la negación de la verdadera praxis (Sánchez Vásquez, 1972, p. 98).

La praxis concreta las relaciones entre sujeto-objeto, entre teoría y práctica a través de la acción. Sea cual fuere el pensamiento filosófico y la epistemología involucrada, la praxis es ante toda actividad, pero no cualquier tipo de actividad, sino de aquella que apunta a revolucionar el mundo, las condiciones en donde esa actividad toma sentido. Para el marxismo, la praxis representa la unidad de la teoría y la práctica. El sólo pensar, el sólo hacer, no constituyen de por sí, praxis, ésta es el resultado de una acción pensada, consciente, social e histórica, que apunta a producir un estado de cosas diferentes. En ese sentido la praxis en el pensamiento marxista se asume como una praxis política, transformadora, que redefine la filosofía, desde la actitud pasiva del filósofo que contempla el mundo hasta la actividad de transformarlo. En ese contexto la Teoría y la Práctica, ungen como polos tensionantes, que interaccionan para "crear" la praxis.

"En la filosofía materialista, la problemática de la praxis no puede abordarse partiendo de la relación teoría y práctica, o contemplación y actividad, tanto si se proclama el primado de la teoría o contemplación (Aristóteles y la teología medieval) o, a la inversa, si se afirma el primado de la práctica y la actividad (Bacon, Descartes y la ciencia natural moderna)" (Kosik, 1983, p. 237). En relación con la Praxis, la teoría y la práctica son momentos de su dinámica, en tanto la praxis es creativa, crea al hombre, crea la historia, transforma al sujeto en un sujeto social e histórico. La praxis es el hombre como ser humano. Se podría decir que un hombre sin praxis no es un ser humano, es un sujeto natural, privado de su existencia histórica.

La praxis del hombre no es una actividad práctica opuesta a la teoría, sino que es la determinación de la existencia humana como *transformación* de la realidad. La práctica es activa y produce históricamente –es decir, continuamente renueva y constituye prácticamente– la unidad del hombre y del mundo, de la materia y del espíritu, del sujeto y del objeto, del producto y de la productividad. Por cuanto que la realidad humano-social *es creada* por la praxis, la historia se presenta como un proceso práctico, en el curso del cual lo humano se distingue de lo no humano; o sea, lo que es humano o no humano no se encuentra ya predeterminado, sino que se determinan en la historia a través de una diferenciación práctica (Kosik, 1983, p. 240).

Como se expresaba anteriormente, la praxis es un concepto fundamental en la obra de Freire. Grundy, expone cinco consideraciones en torno al concepto de praxis en Freire (1998, p. 146-148).

- La acción y la reflexión constituyen los elementos básicos en la definición de la praxis
- A diferencia de los idealistas, la praxis se desarrolla en el mundo real, en el contexto histórico social y confronta y transforma los problemas reales, no los imaginarios
- El mundo de la praxis es el mundo de la interacción, de lo social y lo cultural y la transformación con otros hombres en una comunión de pensamiento y acción
- El mundo de la praxis es el mundo construido, es el mundo en construcción, es el mundo en transformación, es el mundo creado por la actividad material e intelectual, por la praxis
- La realidad significada no es absoluta, la praxis crea los significados, transforma los significados, crea nuevos significados y en ello transforma, revoluciona el mundo.

No es la intención, realizar una crítica del pensamiento marxista en torno a la praxis, no sólo porque no es el propósito de este trabajo, sino porque desborda las capacidades del suscrito. Pero sí es conveniente reflexionar en torno a algunos puntos polémicos:

- La teoría y la práctica constituyen manifestaciones del devenir de la praxis. En ese sentido no puede afirmarse: "Tenemos, pues, una contraposición entre teoría y práctica que hunde su raíz en el hecho de que la primera, de por sí, no es práctica, es decir, no se realiza, no se plasma, no se produce ningún cambio real. Para producirlo no basta desplegar una actividad teórica; hay que actuar prácticamente" (Sánchez Vásquez, 1972, p. 173), tanto la teoría como la práctica son praxis y cada una de ellas tiene su propia praxis. La actividad teórica es una actividad práctica en tanto hay un ejercicio de construcción, de elaboración, de pensamiento y la práctica es una actividad en tanto encontramos esos componentes también. La diferencia está en que, cada una por su lado no genera las transformaciones en la totalidad concreta (Lukács, 1975, p. 10).

- El concepto o la categoría de praxis, representa una categoría que le da sentido a la relación sujeto-objeto en el proceso educativo y en la superación del conflicto generado en torno a la naturaleza de las teorías educativas y su relación con la práctica educativa. Trascender la práctica estacionaria de la teoría educativa como manifestación de los fenómenos educativos hacia el campo de las teorías educativas como manifestación de la praxis educativa, supone la transformación de los docentes y de los actores del sistema educativo en sujetos de praxis, en sujetos capaces de pensar y repensar la práctica.
- Para Grundy, Carr, Kemmis y en general todos aquellos que podrían agruparse bajo la denominación de pensadores críticos de la educación, el interés enmancipatorio de Habermas y el concepto de praxis en Freire, constituyen los pilares básicos de una teoría crítica de la educación.

La revisión de toda esta literatura reseñada en este trabajo ha permitido entender que la generación de pensamientos trascendentes se ha hecho a partir de la Crítica, pareciera que ésta se constituye en un dispositivo metodológico que hace avanzar el pensamiento. El concepto de Praxis ha evolucionado de Aristóteles a Freire, pasando por Hegel, Fuerbach, Marx, Kosik. La diferencia entre todos ellos y Freire es que en este último se dieron dos situaciones singulares: practicó la praxis y teorizó la praxis y al final creó una praxis crítica, una praxis realmente transformadora, que se constituye en un paradigma que favorece trascender la acción instrumental hacia una interacción dialógica, crítica, autónoma y libre racionalmente.

TRANSFORMAR EL CURRÍCULO: OPCIÓN DE CAMBIO EN LA EDUCACIÓN SUPERIOR

La formulación de un nuevo discurso sobre educación, desde lo institucional, implica un replanteamiento en lo que podría denominarse el *proyecto educativo institucional*. En ese sentido, aparecen nuevas definiciones sobre viejos términos: el *currículo* ya no es concebido como un plan de estudios, lleno de asignaturas incrustadas en un mapa vehicular, sino como una propuesta flexible de formación integral, dinámica y pertinente, capaz de interaccionar con el contexto; la docencia universitaria ya no se fundamenta en la cátedra magistral y textual, sino que es vertebrada en procesos de búsqueda de conocimientos bajo nuevas pedagogías tendientes a lograr la participación y autoformación del estudiante; la evaluación, ya no es la aplicación de pruebas extenuantes, memorísticas y rebuscadas, sino un proceso formativo y coadyuvante del aprendizaje; la calidad de la educación, ya no se concibe como la constatación empírica de la inserción de los profesionales en un status social, sino como un proceso complejo en el cual se visualizan la actitud, los valores y la capacidad de incidir en el cambio integral del país. Y así, se podrían enumerar multiplicidad de términos que han sido reformulados en el marco de un paradigma nuevo y alternativo de la educación, asumido institucionalmente.

La pedagogía merece una reflexión especial en el contexto de la Educación Superior. La docencia universitaria no contemplaba la formación pedagógica. En realidad, ésta se consideraba válida para la docencia primaria y secundaria, mientras que para la universitaria o superior, lo era la formación exclusivamente en las ciencias básicas y las disciplinas profesionales.

No hay duda de que la existencia de una tendencia instrumentalista en la educación actual, pervierte la dinámica innovadora de su propia naturaleza; y ello es precisamente objeto de reflexión y análisis en los procesos de reforma universitaria.

Hoy el panorama es bien distinto, en todas las universidades la pedagogía se constituye en un pilar de la articulación del proyecto educativo. Los docentes de las diversas facultades realizan talleres pedagógicos, en donde términos como: currículo pertinente, evaluación cualitativa, texto pedagógico, hipertexto, guías didácticas, autoaprendizaje, aprender a aprender, reeducación, universidad de la vida cotidiana, y muchos más, hacen parte ya del disco duro de los docentes y podríamos decir que se ha construido una cotidianidad pedagógica en la mayoría de los departamentos académicos de las instituciones de Educación Superior.

La anterior terminología hace parte de un discurso pedagógico-alternativo que poco a poco se convierte en un discurso institucional dominante. No es difícil identificar aquellos aspectos sobre los cuales se justifique un proceso de reforma académica. Algunos de los componentes que configuran la realidad y los elementos hacia donde apunta el cambio son:

- El conocimiento se ha constituido en el capital más importante del mundo actual y en el mecanismo más expedito hacia el desarrollo pleno, sostenible y sustentable.
- La formación de los talentos humanos exige replanteamientos, tanto en los procesos que sustentan el proyecto, como en la reestructuración de los programas. En ese sentido, dado el crecimiento acelerado de los conocimientos y de los cambios tecnológicos permanentes y rápidos, se hace necesario preferenciar tres ejes de incidencia: fortalecimiento de la formación básica,

integración de los núcleos de formación, interdisciplinariedad, y apropiación de la pedagogía del aprender a aprender.

- Los sistemas convencionales de socialización del conocimiento han entrado en crisis y se muestran incapaces de responder a la dinámica de la formación que poco a poco o muy rápidamente se va imponiendo en el mundo. *Cambiar o perecer*, es el lema de hoy. Los sistemas no convencionales: educación semipresencial, educación no presencial, aprendizaje abierto, educación sin fronteras, en fin, todas aquellas denominaciones que perfilan la educación alternativa, exigen una organización académica articulada a la naturaleza del sistema.

- Los medios informáticos y de telecomunicaciones han convertido el mundo en la "aldea global" de MacLuhan. Ello significa la existencia de volúmenes numerosos de información y de múltiples formas de acceso a ellos. La información constituye un soporte de infraestructura y logística que favorece los procesos de acercamiento del hombre y el conocimiento, colocando el problema ya no en el acceso, sino en la utilización, la pertinencia y la aplicación.

Los sistemas no convencionales que se mencionan anteriormente están soportados en un marco teórico-metodológico.

Los sistemas convencionales se sustentan en procesos de socialización del conocimiento que se caracterizan por:

- Privilegiar lo memorístico.
- Favorecer la apropiación de información y la acumulación de conocimientos de forma estática como lo criticara Piaget.
- El trabajo pedagógico, es decir los procesos de relación entre los protagonistas y la acción se caracterizan por lo que Freire denominó la "educación bancaria".
- Los currículos son concebidos como planes de estudios organizados por asignaturas que disgregan el conocimiento.

Ahora bien, los sistemas no convencionales parten de supuestos diferentes:

- Las organizaciones académicas se constituyen en organizaciones educativas de aprendizaje.

- La investigación ya no es solamente el mecanismo más adecuado para la producción del saber; es además, una actitud de búsqueda permanente en la organización e integración de los conocimientos.

- La formación académica es un proceso de apropiación de saberes (académicos, culturales, etc.), como resultado de un proceso de interacción e interdependencia entre los sujetos y los objetos.

- El currículo es un proyecto educativo programático, organizado en cursos integrados por procesos en permanente cambio para garantizar la transferencia de los desarrollos científicos, tecnológicos y técnicos.

- Las estrategias metodológicas, hoy denominadas pedagogías intensivas, configuran espacios de interacción pedagógico-didácticos en los cuales el conocimiento se construye, se recrea, se socializa, se apropia y se aprende a aprender.

- La escuela ha dejado de ser la agencia educativa por excelencia y ha sido desplazada por otros espacios de mayor pertinencia. Para que pueda seguir siendo un centro importante de formación, necesita abrir sus puertas, derrumbar sus muros e integrarse a una sociedad educativa. Probablemente tenga sentido lo que alguien dijo: *Muera la escuela, viva la educación.*

- El docente ya no es el centro del proceso educativo. No sólo porque histórica y teóricamente ha sido desplazado; primero, por el alumno y después, por la tarea; sino también, porque su rol de portador de conocimientos, de información ha sido ocupado por los medios tecnológicos. En tal sentido, el papel del docente por fin es el de ser maestro, esto es educar; lo que significa, la generación de valores éticos y morales; la de facilitar la apropiación del conocimiento y la de ser guía de las nuevas generaciones.

- Toda la organización curricular de los sistemas convencionales apuntaría a la formación profesional entendida como la fundamentación técnica, es decir, el manejo de habilidades, destrezas y procesos tecnológicos. De ahí que una revisión de los planes de estudio evidencie una relación aproximadamente de 70%

de asignaturas específicas y un 30% de materias de formación básica.

Esto coloca a nuestro profesional en una desventaja comparativa y competitiva frente a profesionales que comienzan a ser formados teniendo en cuenta un mercado laboral, cambiante tecnológicamente y que exige capacidad de adecuación y de cambio y esto, sólo lo da una fuerte fundamentación científica y tecnológica.

Hoy los estudiosos de la temática del currículo coinciden en la absoluta necesidad de un replanteamiento a fondo, tanto de los fundamentos teóricos, como metodológicos y operativos de la organización curricular dominante en las universidades. En realidad la discusión no es, si se debe cambiar el currículo, sino, en el cómo y bajo qué propuesta.

En los elementos justificatorios existe coincidencia en los siguientes aspectos:

- El currículo es asimilado a un plan de estudios organizado con base en asignaturas básicas o profesionalizantes.
- La tendencia dominante en las tres últimas décadas en los planes de estudios es a la especialización en pregrado y el mantenimiento de la parcelación de conocimientos.
- El saber enseñado en la escolaridad se olvida rápidamente por cuanto no es "útil" en la cotidianidad.
- El currículo dominante es escolarizado y hoy se encuentran dos situaciones que cuestionan esa naturaleza: la escuela ya no es el único lugar de aprendizaje del saber y las formas escolarizadas de aprender han sido desbordadas por las teorías desescolarizadas de apropiación del conocimiento.
- Los planes de estudios están repletos de conocimientos, muchos de ellos ya obsoletos. Lo mismo que en el punto anterior, aquí se presentan dos situaciones: el crecimiento exponencial de los saberes hará imposible cualquier iniciativa de apropiarlos, así como también, un plan de estudios cimentado sobre conocimientos acumulados hará obsoleta la formación académica.
- Las categorías enseñar y aprender que dibujan una propuesta pedagógica y una organización didáctica en la medida en que definen roles en el ámbito escolar, no dan respuesta a los pro-

cesos complejos de la construcción del conocimiento y de la producción del saber científico, como saber social.

- La escuela tal como existe hoy, es un obstáculo para un desarrollo integral del hombre. Su naturaleza cerrada, estática y normativa, contrasta con la búsqueda y construcción de una escuela abierta, creativa, interaccionante y constituida en un espacio cultural y un centro catalizador de los saberes y los valores humanos, tecnológicos, científicos y sociales.

- La organización curricular actual demanda una metodología centrada en la transmisión del saber, por ello su característica es la enseñanza. Esta categoría es sustituida por el aprender a aprender, esto es, ser capaz de generar procesos de razonamiento y desarrollo de la personalidad. Ello significa que la tendencia curricular está orientada a los valores y a la capacidad creativa del sujeto, y no tanto a apilar conocimientos.

- Las reformas curriculares hasta ahora han sido consideradas como reubicaciones, cambios de nombre de las asignaturas y en los casos más elaborados, modificación de perfiles y redefinición de objetivos.

Ahora bien, el currículo no existe en abstracto, no es una categoría absoluta. Por el contrario, su existencia está determinada por la dinámica de un fenómeno de naturaleza social: la educación. Ello conduce a reflexionar, en el sentido de tener en cuenta que una reforma curricular es el resultado de un proceso de construcción de una propuesta en la cual se integra un marco teórico, es decir, un conjunto de categorías conceptuales y de supuestos metodológicos y organizativos, así como también, un marco referencial social que nos aporta la dinámica y los elementos necesarios para definir la orientación integradora del proyecto curricular.

En ese sentido, la transformación del currículo, en realidad está justificada en los profundos cambios sociales que acompañan a las formaciones sociales en esta última década.

Anteriormente se sostenía que los cambios políticos, renovaciones sociales, modificaban sustancialmente la sociedad y ello es cierto, procesos de independencia en EEUU, revolución francesa..., y ello traía como resultado no sólo las reformas sociales y políticas, sino condiciones para el desarrollo científico y técnico. Hoy, paradójicamente los grandes avances en la ciencia, la tecnología y la técnica, colocan a la sociedad frente a la disyuntiva de permanecer amarrada al pasado o reformarse para asimilar los cambios científico-tecnológicos y adecuar las estructuras sociales –la escuela es una de ellas– a esa dinámica imparable. Incluso, el sistema de valores es altamente cuestionado por esos avances.

Más allá de proponer un sistema valorativo que obstaculice el desarrollo, es aconsejable un sistema de valores que oriente, le dé direccionalidad y proporcione aportes para la elevación de la calidad de vida de la gente y el fortalecimiento del bienestar social como el objetivo de la existencia humana.

La sociedad postindustrial con todos sus desarrollos desiguales y combinados está vertebrada sobre los avances científicos y tecnológicos. En ese sentido, el conocimiento, entendido como la síntesis de los saberes y los procesos de razonamiento, se constituye en la esencia de esta nueva sociedad.

Ahora bien, esta incidencia o determinación del contexto sobre la configuración del proyecto está concebida en lo general para la estructuración a ese nivel, pero en lo específico, o sea a nivel de los procesos integradores, saber y realidad, se parte del análisis de contexto regional no con el ánimo de producir currículos regionales, no existen, son entelequias provincianas, sino de interpretar el desarrollo regional como todo y parte de una dinámica globalizante de la organización social.

Lo anterior para responder al compromiso histórico y político, adquirido con el país.

La síntesis de las variables del contexto general y particular que potencian la dinámica de la universidad hacia el siglo XXI podría formularse así:

- Internacionalización de la producción y globalización del conocimiento.
- Consolidación de la era de la información y la sociedad del conocimiento.

- Cambios acelerados en las tecnologías.
- Nuevos paradigmas pedagógicos como resultado de nuevas teorías educativas.
- Nuevas normas constitucionales y leyes que generan espacios para el desarrollo humano creativo y la construcción social del conocimiento: Constitución Política Nacional de 1991, Ley General de Educación y Ley 30 de 1994, entre otras.

Hoy, es clara la tendencia a consolidar un nuevo enfoque sobre la educación y la pedagogía. En primera instancia, en particular para los países como el nuestro, y como resultado de los procesos de internacionalización de la economía, globalización del conocimiento, desarrollo tecnológico acelerado, entre otros y, la apertura de nuevas formas de gobernabilidad en el Estado, han colocado a la educación frente a la responsabilidad de constituirse en el soporte fundamental del desarrollo social de un país. La formación de talentos humanos altamente calificados y la producción de conocimientos, constituyen la base de cualquier estrategia de desarrollo. En esas condiciones, la educación ya no es un artículo de consumo, sino la materia prima para potenciar las condiciones de competitividad y bienestar social. La productividad social, entendida como la consecución de niveles altos en calidad de vida, resulta de la conjugación de múltiples variables de diversa naturaleza.

En segunda instancia, la pedagogía constituye la estrategia teórica y metodológica para la sistematización de los procesos educativos; reflexiona, analiza y constituye interpretaciones y orientaciones de lo que se denomina *acción educativa* en función del qué, el cómo y el porqué. Los cambios en los paradigmas pedagógicos son bien diferenciados. Por ello es observable un proceso de avance de la pedagogía a través de tres grandes enfoques o propuestas: la pedagogía centrada en la *enseñanza*, la pedagogía centrada en el *aprendizaje* –interactivo de los sujetos y objetos involucrados en el proceso– y la pedagogía centrada en la *construcción de conocimiento*.

Con base en estos planteamientos, un primer fundamento de la reforma está representado por la implementación de una nueva propuesta educativo-pedagógica que dé cuenta de los avances hacia la configuración de una sociedad del conocimiento. El segundo, está constituido por los desarrollos en la dinámica de integración entre la organización y los procesos internos. Durante muchos años, se generó un fuerte debate acerca de la tendencia de trasladar los modelos de administración de las empresas productoras de bienes de capital y servicios a las instituciones educativas.

En la década de los setenta ese modelo tomó gran fuerza y se convirtió en el paradigma de la administración educativa y el desarrollo curricular. Esta situación se generalizó por todo el sistema educativo formal y no formal, buscando la homogenización de los procesos educativos en función de la tecnología educativa, la cual implicaba una organización de los procesos educativos en forma piramidal: en la base, los docentes como ejecutores del currículo; en la mitad, los alistadores del currículo y en la cima, los creativos del currículo.

Ahora bien, lo interesante de observar en esta experiencia, más allá de lo inconsistente que pueda ser, es lo relacionado con la idea de asimilar la escuela a una empresa de corte tradicional, a partir del criterio de que la educación y la producción comportan modelos organizacionales semejantes. Esto fue un fallido intento que no resultó, ya que desde la perspectiva de la producción el modelo era tecnológicamente deficiente y desde el campo educativo, la sistematización de los procesos profundizó la crisis de la escuela.

Hoy, las teorías organizacionales han evolucionado significativamente desde paradigmas estructuradores de los procesos de producción bajo esquemas abiertos y horizontales, los cuales se constituyen en expresiones productivo-administrativas de nuevos modelos para el desarrollo de las unidades de producción. Es interesante observar el avance de las organizaciones administrativas tradicionales hacia organizaciones inteligentes, capaces de aprender. A diferencia de lo que sucedía en el pasado, las empresas hoy fundamentan su desarrollo en la creatividad y la inteligencia al servicio de la organización. Están preocupadas por reflexionar acerca de su cultura institucional y de modificar aquellos procesos que frenan la optimización de su producción.

Igualmente, las teorías educativas y curriculares también avanzan en la búsqueda de nuevas formas de organización y desarrollo de la escuela sobre la base de abrir la institución, tanto en lo que tiene que ver con la organización interna, como en lo referente con su inserción social en el contexto. Se trata de superar el esquema de instituciones *distribuidoras del conocimiento* a instituciones *generadoras de saber y potenciadoras de creatividad.*

En ese orden de ideas, el fundamento teórico-metodológico de una reforma curricular reside en la conjugación de tres propuestas: la teoría organizacional de Peter Senge, los enfoques curriculares de Magendzo, Stenhouse, Jurjo Torres, Serrano y otros, quienes sustentan el currículo como un proyecto en construcción; y, las teorías del aprendizaje de Piaget, Bruner y demás exponentes del constructivismo social. La primera, sustenta la estructura organizacional del proyecto; la segunda, define el proyecto curricular; y, la tercera, aporta los fundamentos para el aprendizaje individual y colectivo.

En la actualidad la *organización educativa de aprendizaje* es un concepto incorporado a las instituciones, empresas, negocios y organizaciones en general, no importando su índole u origen. A nivel mundial uno de los autores que ha desarrollado más ampliamente este concepto es Peter Senge, Director de *Pensamiento de Sistemas y Aprendizaje Organizacional* de la *Sloan School of Management* del MIT, quien asimila las *organizaciones de aprendizaje* a las *organizaciones inteligentes.*

Todo proceso educativo implica una posición epistemológica a partir de la cual se plantea la formación personal y profesional. De esta manera, es posible contemplar la apertura al cambio como una necesidad permanente de transformación y ampliación del concepto de aprender, así como la construcción de un cambio integral basado en un modelo de aprendizaje determinado, y con la intervención activa de la voluntad, de modo que se construya una acción de aprendizaje significativo.

"La epistemología que le conviene a la pedagogía no es la positivista, que aborda la ciencia solamente desde el contexto de la justificación, sino una epistemología abierta al proceso de descubrimiento y construcción de los conceptos, que se preocupe por la dinámica creadora y valorice los procesos de construcción científica, de conjeturas y refutaciones, de ensayos y errores" (Flórez, 1994, p. 98).

Para lograr esta acción, es preciso establecer una *misión pedagógica* que constituya un marco de diseño a partir del cual se generen metodologías, estrategias y un *modelo pedagógico*. Configurar el campo de acción para un trabajo pedagógico es plantear los movimientos, las interacciones y los participantes que actúan en él. Los criterios para determinar estos actores y procesos son tres: la formación integral del estudiante, el proceso de aprendizaje y la formación integral del docente.

En toda acción educativa (Mélich, 1994, p. 73) se entrecruzan estas tres esencias: *afectividad, crítica* y *creatividad*. Por ello es indicado promover en la formación integral tanto al estudiante como al docente:

- Desde lo *afectivo*, el ambiente de confianza, de aceptación del trabajo, de respeto por el otro. "Lo esencial de la formación humana es convertirse en un ser espiritual capaz de asumir sus propios deseos, necesidades e intereses privados, y ascender a la generalidad, a la universalidad espiritual, a través del trabajo o la reflexión teórica hasta reconciliarse consigo mismo" (Flórez, 1994, p. 88).
- Desde la *crítica*, la toma de decisiones, la capacidad de construir marcos interpretativos de la vida cotidiana, para así acceder a la comprensión, que "comprender es conocer con solvencia las propias posibilidades del poder ser, comprender es siempre comprenderse a sí mismo" (Flórez, 1994, p. 89). Es decir, el logro de una autonomía intelectual a partir del conocimiento, no de la falta de saber.
- Desde lo *creativo*, la elaboración de modelos de aprendizaje que afirmen la autodisciplina, la curiosidad por acceder a otros niveles de conocimiento, para instaurar ámbitos de gozo y expresión lúdica; para que el impulso hacia las fronteras del conocimiento, mediante un cambio de paradigmas, logre nuevas estructuras, visiones y alternativas. Esto es construir una gestión para la transformación.

Actualmente, lo más importante no es qué se enseña, sino cómo se enseña; no es qué se aprende, sino cómo se aprende. Es decir, la construcción del conocimiento a través de procesos y no de contenidos, dándose una continuidad y no un fraccionamiento por temas o

 Luis Alberto Malagón P.

unidades teóricas. Para que la apropiación del conocimiento sea más efectiva y significativa debe existir un diálogo, entre el conocimiento previo del alumno y el que está contenido en las disciplinas. Esta acción permite que el proceso sea activo, y al ser activo, los mecanismos del pensamiento que permiten el aprendizaje fijan mejor ese conocimiento. ¿Cómo se logra que se dé ese diálogo? Con un mecanismo circular y de retroalimentación permanente, cuyo modelo es auto-constructivo. El alumno lee críticamente, se cuestiona, construye o reconstruye conceptos, utiliza la palabra oral o escrita como recurso del pensamiento para preguntar, reflexionar, producir, argumentar. Por lo tanto, es necesario estimular la producción de textos escritos a manera de ensayos, la realización de debates, foros, mesas redondas, la activación de las tutorías, talleres, conferencias, seminarios, prácticas, trabajo de campo, trabajo investigativo, y todos los recursos tecnológicos al alcance, para que estos recursos se constituyan en múltiples formas de trabajo académico.

El conocimiento se debe estimular mediante una participación activa, generadora y significativa del saber, con el sentido de pertenencia y de identidad de quien crea una obra de arte o de quien realiza un invento. Construir conocimiento es hacer ciencia y también es hacer arte. Es desarrollar la sensibilidad y el gusto por aprender. Es adquirir una nueva forma de conducta.

El manejo de la información proveniente de las disciplinas debe asociarse con los procesos sociales y de realidad del estudiante y de su entorno. Se debe buscar un impacto de la investigación-acción-participación en el medio. La actividad educativa es producción y transformación social, creándose así una necesidad de acercamiento de la teoría con la práctica social de los problemas abordados a nivel académico. De igual forma, se crea la necesidad de abordar el conocimiento mediante el trabajo colectivo. ¿Qué hace el colectivo académico? Establece una interacción para construir una acción pedagógica integral.

Los cursos se deben asesorar con base en estructuras de pensamiento que conlleven a la elaboración de esquemas mentales y estos, a su vez, de modelos organizacionales del conocimiento. Ello se logra mediante la incorporación de la investigación permanente en el quehacer educativo.

Es importante realizar una evaluación permanente para lograr el equilibrio entre los contenidos o núcleos temáticos, las necesidades del estudiante y los procesos que se generan a partir de esta interacción. Es indispensable comprender qué es el aprendizaje significativo, el conocimiento generativo y la autoconstrucción profesional.

Toda organización que aprende plantea tres criterios a partir de los cuales trabaja: *aprender, hacer y cambiar*. En estos criterios interactúan: la innovación, la excelencia y el aprender haciendo.

Es pertinente aprender para innovar, para lograr la excelencia, todo a través del hacer. Es necesario generar cambios a partir del aprendizaje innovador; en un escenario global, sujeto a las indeterminaciones sociales, económicas y políticas, lo cual implica crear formatos de modelaciones pedagógicas y mantener presente las características de la acción constructivista con que:

- Se apoya en la estructura conceptual de cada alumno, partiendo de las ideas y preconceptos que el alumno trae sobre el tema de la clase.
- Prevee el cambio conceptual que se espera de la construcción activa del nuevo concepto y su repercusión en la estructura mental.
- Confronta las ideas y preconceptos afines al tema de enseñanza con el nuevo concepto científico que se enseña.
- Aplica el nuevo concepto a situaciones concretas, y los relaciona con otros conceptos de la estructura cognitiva, con el fin de ampliar su transferencia (Flórez, 1994, p. 263).

La propuesta de modelo de proceso curricular se sustenta en la noción de *núcleo programático*, que abarca tanto el aspecto teórico, como el aspecto contextual de su producción e interpretación. Por estas circunstancias es que un modelo curricular debe iniciar con la participación comunitaria de los actores del proceso. Además, se fundamenta a través de mediaciones tales como el educador, la institución, los medios, el grupo y el contexto.

 Luis Alberto Malagón P.

En la definición del currículo conviene precisar sus características: formación integral, pertinencia, flexibilidad, interdisciplinariedad e integralidad.

Formación integral. La idea de formación integral ha impregnado todas las propuestas educativas. Cualquier programa que lleva implícito los términos de *formación integral. A veces se exagera la formación integral como el sumun de la creación y el hombre que la posee,* en este caso tendría las características de un ser muy superior.

Así planteadas las cosas, la formación integral es un propósito y una directriz para el proyecto curricular: su inclusión en los proyectos educativos busca ampliar el horizonte de desarrollo del proyecto. Educar integralmente es ante todo combinar tres variables fundamentales: ética y valores, fundamentación científica, técnica y tecnológica y, apropiación cultural del mundo.

Ahora bien, la educación integral no es responsabilidad de una sola institución, la comunidad universitaria; sino además, de todas las instituciones educativas que ocupan el espacio social de existencia.

Pertinencia. John Dewey dice que "La escuela debe representar la vida actual, una vida que sea tan real y vital para el niño, como la que vive en su casa, en el vecindario o en su campo de juego..." (1899, p. 42). Hinaut y Lawtoris definen la característica de pertinencia así: "consiste en aproximar la enseñanza a la vida, al entorno natural y humano, al mundo del trabajo, para preparar al individuo a sus múltiples responsabilidades en el mundo en la transformación y realizar la insertación del individuo en su medio y más particularmente, para los países dependientes, la identidad cultural y nacional" (1980, p. 83).

Hablar de un currículo pertinente es significar un currículo apropiado al contexto social (lo social como síntesis de múltiples determinaciones), a los fines institucionales, a los actores del proceso y a los conocimientos necesarios para darle sentido a la formación integral.

Flexibilidad. Este concepto se relaciona no sólo con la organización del proyecto curricular, sino también con la organización académica y administrativa del currículo. Por ende, si pasamos del plan de estudios a proyecto curricular, la flexibilidad se torna en una característica inherente al currículo.

Flexibilizar el currículo es abrir los dispositivos para la interacción permanente con el contexto cultural, social, científico, técnico y tecnológico. Por lo demás, el significado de proyecto es de una propuesta en construcción permanente.

Interdisciplinariedad. Una de las características distintivas del siglo XX es la frecuente reorganización del conocimiento (Torres, 1994). La frontera entre las disciplinas se ha ido desvaneciendo como resultado de los procesos de internacionalización de la información, la apertura de las sociedades y por supuesto, la necesidad de modelos de análisis más potentes que los proporcionados por la especialización disciplinaria (Torres, 1994).

La interdisciplinariedad puede leerse en tres planos. El primero, referido a la necesidad de compartir el conocimiento, de desarrollar en equipo la aplicación de una misma metodología; la construcción del objeto de investigación o núcleo para generar planes de desarrollo. El segundo, hace referencia a la imposibilidad de explicar holísticamente los fenómenos a partir de las disciplinas tomadas individualmente. El tercero, apunta a la construcción de nuevas disciplinas de una mayor cobertura epistemológica.

Por lo demás, desde los juegos con la *Paideia* cíclica, conjunto de todas las ciencias, los romanos con su *doctrinariun orbem*, pasando por Francis Bacón en su utopía científica, *La Nueva Atlántida*, en la cual aparece la Casa de Salomón, como un centro de investigación científica interdisciplinar (Torres, 1994), hasta el mismo Círculo de Viena con su idea de construir una filosofía científica a partir de un lenguaje científico que definiera los límites del discurso científico; siempre se ha buscado reconstruir la unidad de la ciencia, frente a la fragmentación del conocimiento.

En ese orden de ideas, el currículo no sólo introduce la interdisciplinariedad como un método pedagógico sino también como un criterio epistemológico de organización de los núcleos programáticos en la propuesta curricular.

Integralidad. El concepto de currículo integrado *es* ampliamente desarrollado por Jurjo Torres (1994); de hecho el título de su libro *es Globalización e interdisciplinariedad: el currículum integrado.*

La idea de un currículo integrado *es* ante todo la de conjugar en su diseño e implementación todos los componentes que conforman la estructura curricular: el contexto, el sujeto, los procesos, los objetos de transformación y los núcleos programáticos.

Los currículos escolares dominantes en Colombia, en particular, en la educación básica y media y de alguna forma en la Universidad, son establecidos por equipos que no intervienen en su puesta en marcha. Durante un buen tiempo, los maestros han sido denominados administradores del currículo, ellos no hacen currículo.

La integralidad en el currículo apunta no sólo a lo interdisciplinar, sino también a la construcción de una visión general y totalizadora en donde cada componente haría en su dinámica el sentido holístico del proyecto. El currículo integrado cuestiona severamente la especialización en el pregrado y promueve el desarrollo de la fundamentación científica general y básica como soporte de los ciclos profesionales.

BIBLIOGRAFÍA

Abbagnano, N. & Visalberghi, A. (1980). *Historia de la pedagogía*. México: Fondo de Cultura Económica.

Acosta Tapia, A., Plata Silva, D. L. & Malagón Plata, L. A. () *Globalización y cultura*. San José: Universidad de Costa Rica. 2002.

Aguilar Hernández, M. (1999). *La misión de la universidad latinoamericana ayer y hoy. Ciencias Sociales*, 83, 23-35.

Asociación Colombiana de Universidades (2002). *Agenda de políticas y estrategias para la Educación Superior Colombiana 2002-2006. "De la exclusión a la equidad"*. Bogotá: Autor.

Banco Interamericano de Desarrollo (1997). *La Educación Superior en América Latina y el Caribe. Documento de estrategia*. Washington: Autor.

Benedito Antolí, V. (1995). *La formación universitaria a debate: análisis de problemas y planteamiento de propuestas para la docencia y la formación del profesorado universitario*. Barcelona: Universidad de Barcelona.

Bernstein, B. (1994). *La estructura del discurso pedagógico: clases, códigos y control*. (v. IV, 2 ed.). Madrid: Morata y Fundación Paideia.

Bowles, S. & Gintis, H. (1981). *La instrucción escolar en la América capitalista*. México: Siglo XXI.

Boyer, E. L. (1999). *Una propuesta para la Educación Superior del futuro*. México: Universidad Autónoma Metropolitana, Unidad Azcapotzalco y Fondo de Cultura Económica.

Brunner, J. J. (1996). *Conocimiento, Educación Superior y sociedad en América Latina*. Caracas: Centro de Estudios del Desarrollo, Universidad Central de Venezuela / Nueva Sociedad.

__________. (1985). *Universidad y sociedad en América Latina: un esquema de interpretación*. Caracas: Centro Regional para la Educación Superior en América Latina y el Caribe / Organización de las Naciones Unidas para la Educación, la Ciencia y la Cultura.

Camilloni, A. (1996). De herencias, deudas y legados: una introducción a las corrientes actuales de la didáctica. En Camilloni, A. W. de, Davini, M. C. Edelstein, G., Litwin, E., Souto, M. & Barco, S. *Corrientes didácticas contemporáneas*. Buenos Aires: Paidós.

Carr, W. & Kemmis, S. (1988). *Teoría crítica de la enseñanza: la investigación-acción en la formación del profesorado*. Barcelona: Martínez Roca.

Carr, W. (1990). *Hacia una ciencia crítica de la educación*. Barcelona: Laertes.

Castles, S. & Wüstenberg, W. (1982). *La educación del futuro: una introducción a la teoría y práctica de la educación socialista*. México: Nueva Imagen.

Castrejón Diez, J. (1982). *El concepto de universidad*. México: Océano.

Chaparro Osorio, F. (1999). De la sociedad de la información a la sociedad del conocimiento. En Gómez Buendía, H. (comp.). *¿Para dónde va Colombia?* Bogotá: Tercer Mundo e Instituto Colombiano para el Desarrollo de la Ciencia y la Tecnología "Francisco José de Caldas".

Cherryholmes, C. H. (1987). *Un proyecto social para el currículo: perspectivas postestructurales*. Revista de Educación, 282.

Clavijo, G. A. (1984). *Bases para un plan de desarrollo de la Educación Superior*. Bogotá: Instituto Colombiano para el Fomento de la Educación Superior.

Cohen, E. (ed.) *Educación, eficiencia y equidad*. Santiago: Comisión Económica para América Latina / Organización de los Estados Americanos / Sur.

Consejo Nacional de Acreditación (1998). *Lineamientos para la acreditación*. (3 ed.). Bogotá: Autor.

Departamento Nacional de Planeación (1999). *Plan Nacional de Desarrollo 1998-2002: cambio para construir la paz*. Bogotá: Autor.

CONFERENCIA INTERNACIONAL DE EDUCACIÓN A DISTANCIA. LA SOLUCIÓN EDUCATIVA PARA EL SIGLO XXI. (Cartagena, 1998). Memorias. Santafé de Bogotá: ICFES, 1999.

CONFERENCIA MUNDIAL SOBRE LA EDUCACIÓN SUPERIOR. Declaración mundial sobre la Educación Superior en el siglo XXI: visión y acción. Forjar una nueva visión de la Educación Superior. Artículo 6.

Contraloría General de la República (2003). *Examen a la Educación Superior Pública. Presupuesto, eficiencia relativa, equidad social y gobernabilidad*. Bogotá: Autor.

Contreras Domingo, J. (1994). *Enseñanza, currículum y profesorado: introducción crítica a la didáctica*. (2 ed.). Madrid: Akal.

Cook, T. D. & Reichardt, C. S. (1997). *Métodos cualitativos y cuantitativos en investigación evaluativa*. (3 ed.). Madrid: Morata.

Cuadernos de Economía / Departamento de Teoría y Política Económica, Facultad de Ciencias Económicas, Universidad Nacional de Colombia. Vol. XVIII, No. 30 (ene.-jun., 1999). Santafé de Bogotá: Universidad Nacional de Colombia, 1999.

De Camilloni, A. W. et al. (1997). *Corrientes didácticas contemporáneas.* Buenos Aires: Paidós.

Delors, J. (1996). *La educación o la utopía necesaria.* En: Organización de las Naciones Unidas para la Educación, la Ciencia y la Cultura. *La educación encierra un tesoro: informe a la UNESCO de la Comisión Internacional sobre la educación para el siglo XXI, presidida por Jacques Delors.* Madrid: Santillana.

Dengo, M. E. (1995). *Educación costarricense.* San José: Universidad Nacional de Educación a Distancia.

Díaz Barriga, Á. (1997). *Didáctica y currículum.* México: Paidós.

__________. et al. (1996). Sistema modular y curriculum. Ayer, hoy y mañana. *Revista Cubana de Educación Superior, 1.*

Díaz Villa, M. (1998). *La formación académica y la práctica pedagógica.* (2 ed.). Bogotá: Instituto Colombiano para el Fomento de la Educación Superior.

Didriksson Takayanagui, A. (2000). Tendencias de la educación superior al fin de siglo: escenarios de cambio. En Tünnermann Bernheim, C. & López Segrera, F. *La educación en el horizonte del siglo XXI.* (pp. 185-199). Caracas: Instituto Internacional para la Educación Superior en América Latina y el Caribe / Organización de las Naciones Unidas para la Educación, la Ciencia y la Cultura.

Drucker, P. F. (1984). *La sociedad postcapitalista.* Bogotá: Norma.

Durkheim, E. (1978). *Educación y sociología.* Buenos Aires: Tauro.

Eisner, E. (1998). *El ojo ilustrado: indagación cualitativa y mejora de la práctica educativa.* Barcelona: Paidós.

Fazio Vengoa, H. (2001). *Globalización: discursos, imaginarios y realidades.* Bogotá: Universidad de los Andes.

Federici, C., Mockus, A., Charum, J., Granés, J., Castro, M. C., Guerrero, B. & Hernández, C. A. Límites del cientificismo en educación. *Revista Colombiana de Educación, 14, 69-90.*

Fierro, C., Fortoul, B. & Rosas, L. (1999). *Transformando la práctica docente. Una propuesta basada en la investigación-acción.* México: Paidós.

Filmus, D. (2000). Educación y desigualdad en América Latina de los 90. ¿Una nueva década perdida? En Tünnermann, C. & López, F. (Coords.). *La educación en el horizonte del siglo XXI.* (pp. 17-52). Caracas: Instituto Internacional para la Educación Superior en América Latina y el Caribe / Organización de las Naciones Unidas para la Educación, la Ciencia y la Cultura.

Flórez Ochoa, R. (1994). *Hacia una pedagogía del conocimiento.* Bogotá: McGraw-Hill.

Follari, R. A. (1994). *Modernidad y posmodernidad: una óptica desde América Latina.* (3 ed.). Buenos Aires: Instituto de Estudios y Acción Social, Rei Argentina - Aique.

Foro Nacional por Colombia (1991). *Colombia: el despertar de la modernidad.* Bogotá: Autor.

Gallego-Badillo, R. (1996). *Discurso sobre constructivismo: nuevas estructuras conceptuales, metodológicas y actitudinales.* (2 ed.). Bogotá: Magisterio.

Garay Salamanca, L. J. (2002). Estrategias, dilemas y desafíos en la transición al Estado Social de Derecho en Colombia. En Contraloría General de la República. *Colombia entre la exclusión y el desarrollo. Propuestas para la transición al Estado Social de Derecho.* Bogotá: Autor.

Garay Salamanca, L. J. (1999). *Globalización y crisis: ¿hegemonía o corresponsabilidad?* Bogotá: Tercer Mundo en coedición con Instituto Colombiano para el Desarrollo de la Ciencia y la Tecnología "Francisco José de Caldas".

García Garrido, J. L. (1999). La universidad del siglo XXI. Lección inaugural del Curso 1999-2000. 1 ed. Madrid: Universidad Nacional de Educación a Distancia.

García Guadilla, C. (1997). El valor de la pertinencia en las dinámicas de transformación de la educación superior en América Latina.

En Yarzábal, L. (Ed.). *La educación superior en el siglo XXI. Visión de América Latina y el Caribe.* (T. 1, pp. 47-80). Caracas: Centro Regional para la Educación Superior en América Latina y el Caribe / Organización de las Naciones Unidas para la Educación, la Ciencia y la Cultura.

García Guadilla, C. (1996). *Situación y principales dinámicas de transformación de la Educación Superior en América Latina.* Caracas: Caracas: Centro Regional para la Educación Superior en América Latina y el Caribe / Organización de las Naciones Unidas para la Educación, la Ciencia y la Cultura.

García Morente, M. (1998). *Lecciones preliminares de filosofía.* (33 ed.). Buenos Aires: Losada.

Gibbons, M. (1998). *Pertinencia de la educación superior en el siglo XXI.* Washington: Banco Mundial.

Gimeno Sacristán, J. (1995). *El curriculum: una reflexión sobre la práctica.* (5 ed.). Madrid: Morata.

__________. (1996). *Comprender y transformar la enseñanza.* (5 ed.). Madrid: Morata.

__________. (1998). *Poderes inestables en educación.* Madrid: Morata.

Giordan, A. & Vecchi, G. de. (1995). *Los orígenes del saber: de las concepciones personales a los conceptos científicos.* (2 ed.). Sevilla: Díada.

Giroux, H. A. (1995b). *Teoría y resistencia en educación: una pedagogía para la oposición.* México: Siglo XXI y Centro de Estudios sobre la Universidad de la Universidad Nacional Autónoma de México, 1995.

Gómez Buendía, H. (comp. y anal.). *¿Para dónde va Colombia?* Bogotá: Tercer Mundo e Instituto Colombiano para el Desarrollo de la Ciencia y la Tecnología "Francisco José de Caldas".

Gómez Campo, V. M. (1998). Hacia una agenda sobre la pertinencia de la Educación Superior en Colombia. *Políticas y estrategias para la transformación de la educación superior en América*

Latina y el Caribe. Hacia una agenda de la educación superior en Colombia (pp. 353-359). Bogotá: Asociación Colombiana de Universidades.

Gómez Campo, V. M. (2000). *Cuatro temas críticos de la Educación Superior en Colombia: Estado, instituciones, pertinencia y equidad social.* Bogotá: Universidad Nacional de Colombia / Asociación Colombiana de Universidades en coedición con Alfaomega.

Gorostiaga, X. (2000). *En busca de la refundación de la universidad latinoamericana: esquema metodológico y proyecto universitario.* (Borrador). Jarandilla de la Vera: Asociación de Universidades Confiadas a la Compañía de Jesús.

Grundy, S. (1998). *Producto o praxis del curriculum.* (3 ed.). Madrid: Morata.

Gurdián Fernández, A. (comp.) (2000). *Una mirada crítica a la educación.* San José: Universidad de Costa Rica.

Habermas, J. (1990). *Conocimiento e interés.* Buenos Aires: Taurus.

Heller, Á. & Fehér, F. (1989). *Políticas de la postmodernidad: ensayos de crítica cultural.* Barcelona: Península.

Heller, Á. (1997). *Sociología de la vida cotidiana.* (3 ed.). Barcelona: Península.

Instituto Colombiano para el Fomento de la Educación Superior & Corporación Calidad (1998). *Hacia un marco de desarrollo de la universidad estatal: visión y acción desde la pertinencia. Documento síntesis.* Bogotá: Autor.

Jofré Vartanián, A. (1998). *La universidad en América Latina: desafíos y estrategias para las próximas décadas.* (2 ed.). Cartago: Tecnológica de Costa Rica.

Johnson, H. T. (1994). Curriculum y educación. Barcelona: Paidós.

Kemmis, S. (1993). *El currículum: más allá de la teoría de la repro-ducción.* (2 ed.). Madrid: Morata.

____________. (1996). *La investigación como base de la enseñanza.* (3 ed.). Madrid: Morata.

Kosik, K. (1983). *Dialéctica de lo concreto.* (9 ed.). México: Grijalbo.

Lectiva / Asociación de Profesores. Universidad de Antioquia. No. 3 (1999). Medellín: Asociación de Profesores. Universidad de Antioquia, 1999. 126 p. SIN 0123-3386.

Litwin, E. (1997). *Las configuraciones didácticas: una nueva agenda para la enseñanza superior.* Buenos Aires: Paidós.

López Segrera, F. (2000). *La globalización económica y su impacto en las políticas educativas regionales: la universidad como agente de transformación social.* Caracas: Instituto Internacional para la Educación Superior en América Latina y el Caribe / Organización de las Naciones Unidas para la Educación, la Ciencia y la Cultura.

Lucio, R. & Serrano Zalamea, M. (1992). *La Educación Superior: tendencias y políticas nacionales.* Bogotá: Instituto de Estudios Políticos y Relaciones Internacionales, Universidad Nacional de Colombia.

Luhmann, N. (1996). *Teoría de la sociedad y de la pedagogía.* Barcelona: Paidós.

Lukács, G. (1975). *Historia y consciencia de clase.* (2a. ed.). Barcelona: Grijalbo.

Lundgren, U. P. (1992). *Teoría del currículo y escolarización.* Madrid: Morata.

Magendzo, A. (1991). *Currículum y cultura en América Latina.* (2 ed.). Santiago: Programa Interdisciplinario de Investigaciones en Educación y Academia de Humanismo Cristiano.

____________. (1996). *Curriculum, educación para la democracia en la modernidad.* Bogotá: Instituto para el Desarrollo de la Democracia Luis Carlos Galán y Programa Interdisciplinario de Investigación en Educación.

Malagón Plata, L. A. (1998). *Hacia una reforma académica y curricular en la Universidad del Tolima*. Ibagué: Instituto de Educación a Distancia, Universidad del Tolima.

Martínez Boom, A. Nogueira, C. E. & Castro, J. O. (1994). *Currículo y modernización: cuatro décadas de educación en Colombia*. Bogotá: Foro Nacional por Colombia y Corporación Tercer Milenio.

Medina Rivilla, A. (1991). *Teoría y métodos de evaluación*. Madrid: Cincel.

Mélich, J. (1994). *Del extraño al cómplice: la educación en la vida cotidiana*. Madrid: Anthropos.

Mercado, A. A. (1998). Investigación y desarrollo tecnológico en la vinculación universidad-empresa: el dilema entre aspiración y realización en países de América Latina. *Cuadernos del Centro de Estudios del Desarrollo, 15, 37*, 177-203.

Mialaret, G. (1977). *Ciencias de la educación*. Barcelona: Oikos-Tau.

Misas Arango, G. (1999). El plan de desarrollo y las políticas para la Educación Superior. *Cuadernos de Economía, XVIII, 30, 123-146.*

Moncayo, V. M., Téllez Iregui, G. & Restrepo, G. (1999). La universidad y el proyecto de Nación: una década para recorrer tres siglos: 2000-2010. *Conferencias del Congreso Nacional de Educación Superior*. Bogotá: Instituto Colombiano para el Fomento de la Educación Superior.

Morín, E. (1999). *Los siete saberes necesarios para la educación del futuro*. París: Organización de las Naciones Unidas para la Educación, la Ciencia y la Cultura.

Müller de Ceballos, I. (1995). *Los orígenes de la universidad investigativa: un estudio comparado a partir de los Estatutos de la Universidad de Berlín, de 1816*. Bogotá: Centro de Investigaciones de la Universidad Pedagógica Nacional.

Naishtat, F. (1998). Autonomía académica y pertinencia social de la Universidad Pública: una mirada desde la filosofía política. *World Congress of Philosophy, 20*, pp. Boston. Disponible en Web: http://www.bu.edu/wcp/Papers/Educ/EducNais.htm

Niño Díez, J. (1999). El liderazgo estratégico en educación a distancia. *Conferencia Internacional de Educación a Distancia. La solución educativa para el siglo XXI.* Bogotá: Instituto Colombiano para el Fomento de la Educación Superior.

Noguera Calderón, C. & Linares Prieto, P. (1998). *El proceso de construcción de las bases de la Educación Superior: una tarea inconclusa de la sociedad. Compilación normativa comentada.* (2 ed.). Bogotá: Asociación Colombiana de Universidades e Instituto Colombiano para el Fomento de la Educación Superior.

Organización de las Naciones Unidas para la Educación, la Ciencia y la Cultura (1995). *Documento de política para el cambio y el desarrollo en la educación superior.* París: Autor.

Organización de las Naciones Unidas para la Educación, la Ciencia y la Cultura (1997). *Universidad Sector Productivo. Un camino hacia la competitividad regional.* Bogotá: Instituto Colombiano para el Fomento de la Educación Superior y Fundación Tecnos.

Orozco Silva, L. E. (1999). *La educación a lo largo de la vida y la transformación cualitativa de la universidad.* Bogotá: ASCUN, IESALC / UNESCO, ICFES, MEN.

Palacios González, J. (1978). *La cuestión escolar. Críticas y alternativas.* (2 ed.). Barcelona: Laia.

Parra Sandoval, R. (1996). *Escuela y modernidad en Colombia.* Bogotá: Fundación FES y Fundación Restrepo Barco.

Peralta Espinosa, M. V. (1996). *Currículos educacionales en América Latina. Su pertinencia curricular. Una aproximación desde la educación infantil y superior.* Santiago: Andrés Bello.

Perkins, D. (1995). *La escuela inteligente.* Madrid: Gedisa.

Pinilla Roa, A. E. (ed.) (1999). *Reflexiones en educación universitaria.* Bogotá: Universidad Nacional de Colombia.

Pla I Molins, M. (1997). *Currículum y educación: campo semántico de la didáctica.* Barcelona: Universidad de Barcelona.

Plan de acción para la transformación de la Educación Superior en América Latina y el Caribe. En: *Conferencia regional sobre políticas y estrategias para la transformación de la Educación Superior en América Latina y el Caribe.* Informe final. p. 51.

POLÍTICAS Y ESTRATEGIAS *para la transformación de la educación superior en américa latina y el caribe. Hacia una agenda de la educación superior en colombia.* (1997: Santafé de Bogotá). Memorias. Santafé de Bogotá: ASCUN, 1998. 417 p.

Porlan, R. (1994). *Constructivismo y escuela.* Madrid: Díada.

Posner, G. J. (1998). *Análisis del currículo.* (2 ed.). Bogotá: McGraw-Hill Interamericana.

Pozo Municio, J. I. (1996). *Teorías cognitivas del aprendizaje.* (4 ed.). Madrid: Morata.

Programa de las Naciones Unidas para el Desarrollo (1998). *Educación, la agenda del siglo XXI: hacia un desarrollo humano.* Bogotá: Autor y Tercer Mundo.

PROGRAMA ICFES-TECNOS. *La vinculación Universidad - Sector Productivo. Nuevos escenarios y oportunidades de desarrollo científico y tecnológico.* 1 ed. Santafé de Bogotá: ICFES, 1995. 138 p. (Serie: Documentos de Difusión, 001).

PUYANA MUTIS, Aura María y SERRANO ZALAMEA, Mariana. *Reforma o inercia en la universidad latinoamericana: la Universidad Nacional de Colombia y la Universidad Nacional Autónoma de México.* 1 ed. Santafé de Bogotá: Tercer Mundo en coedición con el IEPRI de la Universidad Nacional de Colombia, 2000. 243 p. (Colección Sociología y Política).

RIVERO HERRERA, José. *Educación y exclusión en América Latina: reformas en tiempos de globalización.* Lima: Tarea, 1999. 438 p.

Robledo Castillo, J. E. (2000). *www.neoliberalismo.com.co: balance y perspectivas*. Bogotá: El Áncora.

Salamón, Magdalena. Panorama de las principales corrientes de interpretación de la educación como fenómeno social. En: *Revista Perfiles Educativos*. No. 14 (1980); p. 3-24.

Sánchez Vásquez, Adolfo. *Filosofía de la Praxis*. 3 ed. México: Grijalbo, 1973. 352 p.

Sarramona, Jaume. *Teoría de la educación: reflexión y normativa pedagógica*. 1 ed. Barcelona: Ariel, 2000. 272 p.

Savater, Fernando. "Educar, un acto de coraje". En: *programa de las naciones unidas para el desarrollo*. Educación, la agenda del siglo XXI: hacia un desarrollo humano. 1 ed. Santafé de Bogotá: PNUD y Tercer Mundo, 1998. p. 13. Hernando Gómez Buendía, Director.

Schugurensky, D. (2000). *Autonomía, heteronomía, y los dilemas de la educación superior en la transición al siglo 21; caso Canadá*. Universidad de Toronto. Disponible en Web: www.unam.mx/roberto/HE2000.html

Senge, P. M. (1995). *La quinta disciplina: el arte y la práctica de la organización abierta al aprendizaje*. Madrid: Granica.

Silva, T. T. (1995). *Escuela, conocimiento y currículo: ensayos críticos*. Buenos Aires: Miño y Dávila.

__________. (1997). "El proyecto educacional moderno: ¿identidad terminal?" En Viega Neto, A. J. (Comp.). *Crítica pos-estructuralista y educación*. Barcelona: Laertes.

Stenhouse, L. (1991). *Investigación y desarrollo del curriculum*. (3 ed.). Madrid: Morata.

Suchodolski, Bogdan. *Tratado de pedagogía*. 4 ed. Barcelona: Península, 1979. p. 11 (Serie Universitaria, Historia/Ciencia/Sociedad, 81).

Sutz, J. (1997). La universidad latinoamericana y su pertinencia: elementos para repensar el problema. *Revista Quantum / Instituto de Economía, Universidad de la República, 9*, 257-278.

Torres santomé, Jurjo. *Globalización e interdisciplinariedad: el currículum integrado.* 1 ed. Madrid: Morata, 1994. p. 207.

Tünnermann, Bernheim, C. & López Segrera, F. (Coords.) (2000). *La educación en el horizonte del siglo XXI.* Caracas: Instituto Internacional para la Educación Superior en América Latina y el Caribe / Organización de las Naciones Unidas para la Educación, la Ciencia y la Cultura.

Tünnermann Bernheim, C. (1997). *Aproximación histórica a la universidad y su problemática actual.* Bogotá: Universidad de los Andes.

_________. (2001). *Universidad y sociedad. Balance histórico y perspectivas desde América Latina.* (2 ed.). Managua: Hispamer.

_________. "La universidad de cara al siglo XXI". En: *Reinvención de la universidad. Prospectiva para soñadores.* 1 ed. Santafé de Bogotá: ICFES, 1994.

UNIVERSIDAD NACIONAL DE COLOMBIA. *Informe de la Comisión de Extensión Solidaria.* Santafé de Bogotá: PRIAC, 1994.

Valencia A., Germán Darío y Arango Q., Juan Carlos. "La Educación Superior: crecimiento y desarrollo. Calidad, financiamiento y eficiencia en Colombia". En: *Lecturas de Economía.* No. 49 (jul.-dic., 1998); p. 115-163.

Vessuri, Hebe. La pertinencia de la enseñanza superior en un mundo en mutación. En: *Perspectivas: revista trimestral de educación comparada* / Oficina Internacional de Educación de la UNESCO. Vol. XXVIII, No. 3 (sep., 1998). París: UNESCO, 1998. p. 417.

Vessuri, Hebe. Pertinence. En: *World Conference On Higher Education.* (1998: París).

Viega Neto, Alfredo J.; comp. *Crítica pos-estructuralista y educación.* 1 ed. Barcelona: Laertes, 1997. p. 277. (Colección Psicopedagogía, 83).

Weiss H. Carol. *Investigación evaluativa.* México: Trillas, 1980. 182 p.

Yarzábal, Luis, ed. *La educación superior en el siglo XXI. Visión de América Latina y el Caribe.* Caracas: CRESALC/UNESCO, 1997. Tomo I.

Young, M. y Whitty, G. *Society, state and schooling.* Sussex, The Falmer Press, 1977. p. 8. Citado por: TORRES, Jurjo. El curriculum oculto. 5 ed. Madrid: Morata, 1996. p. 55. (Colección Pedagogía).

LUIS ALBERTO MALAGÓN PLATA

Nace en Socorro Santander del Sur en 1948. Realiza estudios en la Universidad Pedagógica y Tecnológica de Colombia: Licenciado en Ciencias de la Educación. Universidad Pedagógica Nacional: Maestría en Educación Comunitaria. Universidad Nacional Autónoma de México: Maestría en Pedagogía. Universidad de Costa Rica: Doctor en Educación

Algunas de sus publicaciones: *Currículo y calidad de la Educación Superior*, COLCIENCIAS-ICFES. *Evaluación del rendimiento académico de los programas a distancia en Colombia*, ICFES-Universidad del Quindío. *La Educación Superior a Distancia en Colombia: visión histórica y lineamientos para su gestión*, ICFES. *Propuestas para la modernización de la Universidad del Tolima*, Universidad del Tolima.

Se ha desempeñado como Profesor de Tiempo Completo de la Universidad del Tolima, Director del Instituto de Educación a Distancia de la Universidad del Tolima, Presidente de la Asociación Colombiana de Instituciones de Educación Superior con Programas a Distancia (1995-1998), Decano de la Facultad de Ciencias de la Educación de la Universidad del Tolima desde enero del 2004.